Klar wie kaum jemand zuvor analysiert Carsten Brosda die Ursachen für das aktuelle Abrutschen der großen Volksparteien in der Wählergunst. Er skizziert die neue, oft kompromisslose politische Landschaft zwischen rechter Fremdenfeindlichkeit und grünem Kampf gegen den Klimawandel, und den wachsenden Einfluss der sozialen Medien, in denen zur Zerstörung der Volksparteien aufgerufen wird. Tatsächlich ist in den vergangenen Jahren einiges kaputt gegangen. Zerstörung bedeutet aber auch, dass der Blick frei wird auf die Fundamente unserer Demokratie. Kann demokratische Politik ohne Kompromisse und Ausgleich auf Dauer überhaupt erfolgreich sein? Wie können wir der Komplexität der Aufgaben, die vor uns liegen, gerecht werden? Gibt es doch noch einen Platz für die »Volksparteien« in Deutschland? Und wie kann die Zukunft der SPD erfolgreich gestaltet werden?

»Wenn das 19. Jahrhundert im Zeichen des Kampfes um die Freiheit stand und das 20. Jahrhundert von Konflikten um die gerechte Verteilung von Teilhabe und Ressourcen geprägt war, wird das 21. Jahrhundert zunehmend von der Frage nach dem gesellschaftlichen Zusammenhalt bestimmt werden.«

CARSTEN BROSDA

DIE ZER STÖR UNG

WARUM WIR FÜR DEN GESELLSCHAFTLICHEN ZUSAMMENHALT STREITEN MÜSSEN

HOFFMANN UND CAMPE

Sollte diese Publikation Links auf Webseiten Dritter enthalten, so übernehmen wir für deren Inhalte keine Haftung, da wir uns diese nicht zu eigen machen, sondern lediglich auf deren Stand zum Zeitpunkt der Erstveröffentlichung im August 2019 verweisen.

1. Auflage 2019

www.hoffmann-und-campe.de
Einbandgestaltung: Vivian Bencs © Hoffmann und Campe
Satz: Dörlemann Satz, Lemförde
Gesetzt aus der Albertina MT und der Futura Std
Druck und Bindung: CPI books GmbH, Leck
Printed in Germany
ISBN 978-3-455-00879-1

HOFFMANN
UND CAMPE

Ein Unternehmen der
GANSKE VERLAGSGRUPPE

DER INHALT

Das Vorwort 7
Die Zerstörung des öffentlichen Gesprächs 17
Die Zerstörung der Mitte 35
Die Zerstörung der offenen Gesellschaft 51
Die Zerstörung des Planeten 71
Die Zerstörung der Zuversicht 91
Die Zerstörung der Volksparteien 108
Der Wiederaufbau 125
Solidarität als Rahmen 130
Erzählung eines sozialen und demokratischen Fortschritts 147
Radikale kommunikative Offenheit 157
Vernunft und Leidenschaft 165
Der Dank 168
Literaturhinweise 170

DAS VORWORT

Kurz vor der Europawahl im Mai 2019 war viel von *Zerstörung* die Rede, nachdem der YouTuber Rezo ein 55-minütiges Video mit dem Titel »Die Zerstörung der CDU« ins Netz gestellt und damit binnen weniger Tage mehr als elf Millionen Zuschauerinnen und Zuschauer erreicht hat. In dem rasant geschnittenen und gesprochenen Clip nimmt Rezo die Politik der regierenden Parteien auseinander und fordert seine Follower auf, ihnen bei der anstehenden Wahl die Stimme zu verweigern. CDU, CSU und zunächst auch die SPD schienen unfähig, dem Furor der Kritik und den ausgelösten Schockwellen etwas entgegenzusetzen. Die Union drehte (angeblich) ein Antwortvideo mit dem jungen Bundestagsabgeordneten Philipp Amthor, um es dann lieber wieder in der Versenkung verschwinden zu lassen und stattdessen ein elfseitiges PDF-Dokument ins Netz zu stellen. Angesichts der kleinen Kostprobe, die Amthor später in einer Talkshow nachlieferte (»Hey, Rezo, du alter Zerstörer …«[1]), war das vielleicht trotz der allzu offensichtlichen Inkongruenz des Formats nicht die schlechteste Wahl.

Für die SPD boten Generalsekretär Lars Klingbeil, Juso-Chef Kevin Kühnert und der Europaabgeordnete Tiemo Wölken in einem improvisierten Video ein Gespräch und eine konstruktive Auseinandersetzung an. Die öffentliche

Debatte aber schien für ein paar Tage aus den Fugen, beschäftigte sich mit der Frage, ob ein YouTuber so Stellung beziehen dürfe, wie man darauf zu reagieren habe und welche Auswirkungen das Video und der Nachfolgeclip, in dem über 90 weitere bekannte YouTuber Rezos Aussagen unterstützten, auf die Wahl haben werden.

Die aufgeregten Diskussionen rund um Rezo und seinen Versuch der »Zerstörung der CDU« lassen sich ohne weiteres als stellvertretend für eine Entfremdung zwischen Politik und Teilen der Gesellschaft auffassen, die auch anderweitig zu beobachten ist. Ähnliche Debatten gab es kurz zuvor schon über die Rechte der Schülerinnen und Schüler auf den *#fridaysforfuture*-Demonstrationen oder über die vehement vorgetragene Kritik an der europäischen Urheberrechtsrichtlinie. In allen Fällen ist es augenscheinlich nicht gelungen, eine inhaltlich ernsthafte Debatte seitens der Politik zu führen. Vielmehr gab es die üblichen Reflexe auf der kommunikativen Metaebene, die zum inhaltlichen Kern der offensichtlichen Wut der zivilgesellschaftlichen Kritik nicht vorzudringen vermochten, sondern die Zerstörung eher als Störung des politisch-kommunikativen Routinemodus betrachteten.

Diese strategielosen Reflexe gipfelten in einer bemerkenswerten Sentenz der CDU-Vorsitzenden Annegret Kramp-Karrenbauer, die in einer Pressekonferenz begann, über neue Regeln zur Beschränkung der Meinungsfreiheit im Netz zu sinnieren. »Was wäre eigentlich in diesem Lande los, wenn eine Reihe von, sagen wir, 70 Zeitungsredaktionen zwei Tage vor der Wahl erklärt hätten, wir machen einen gemeinsamen Aufruf: Wählt bitte nicht CDU und SPD. Das wäre klare Meinungsmache vor der Wahl gewesen«, sagte Kramp-Karrenbauer kurz nach der Europawahl. »Und die

Frage stellt sich schon mit Blick auf das Thema Meinungsmache, was sind eigentlich Regeln aus dem analogen Bereich und welche Regeln gelten eigentlich für den digitalen Bereich, ja oder nein.« Dies sei eine fundamentale Frage, »über die wir uns unterhalten werden, und zwar nicht wir in der CDU, mit der CDU, sondern, ich bin mir ganz sicher, in der gesamten medienpolitischen und auch demokratietheoretischen Diskussion der nächsten Zeit wird das eine Rolle spielen«.[2]

In der Tat braucht es eine Diskussion – allerdings weniger darüber, wie man eine hergebrachte Vorstellung massenmedialer Öffentlichkeit sichert, sondern darüber, wie demokratische Kommunikation unter veränderten digitalen Bedingungen aussehen kann. Vor allem aber darüber, wie die Parteien politisch – und das heißt inhaltlich – auf die Leidenschaft der Kritik reagieren. Das gelingt nämlich nicht, indem sie den Diskurs auf das Nebengleis der Kommunikationsbedingungen im Land verschieben und dort mit den üblichen strategischen Erwägungen traktieren. Es braucht stattdessen Respekt und Ernsthaftigkeit in der Sache und den Willen, ebenso leidenschaftlich in das Gespräch darüber einzutreten, welche Rolle demokratische Politik, Parteien, Politikerinnen und Politiker künftig spielen sollen, welche Erwartungen sie zu erfüllen haben und wie echte gesellschaftliche Teilhabe aussehen kann.

Die Fragen, vor denen wir als Gesellschaft stehen, sind nämlich in der Tat zu groß, um sich in formalem Geplänkel zu verlieren, und sie rechtfertigen erst recht nicht den Versuch, althergebrachte Machtstrukturen gesetzlich zu fixieren. Ebenso sollten wir aber kurz innehalten, bevor wir den Modus der Zerstörung zum Prinzip einer neuen Politik erklären, die sich über das Versagen der Verantwortungsträgerinnen und -träger so sehr aufregt, dass uns jegliche Legitimation demokratisch repräsentativer Politik abhanden zu kommen droht.

Dieser Text kann nicht mehr sein als ein erster, zwangsläufig unzureichender Versuch, sich diesen Fragen dezidiert aus der Politik heraus zuzuwenden. Ein Buch zu schreiben, um auf die aktuelle Entwicklung unserer demokratischen Kommunikation und die allenthalben spürbare Verschiebung der Machttektonik in unserer Republik zu reagieren, birgt schon in sich einen Widerspruch. Schließlich scheint es doch gerade die alte, lineare und räsonierend abwägende Logik zu sein, die mit den neuen Möglichkeiten digitaler Direktheit nicht mehr Schritt zu halten vermag. Andererseits zwingt ein Buch schon aufgrund seiner Produktionsbedingungen dazu, Gedanken zu ordnen und zu reflektieren. Dabei werden zwar auch wissenschaftliche Texte als Quellen herangezogen, aber dieser Essay kann nicht den Anspruch einer sozialwissenschaftlichen Analyse der Lage erheben, sondern muss sich damit begnügen, diskursive Schneisen zu schlagen und plausible Zusammenhänge aufzuzeigen, die für all jene politisch Interessierten aufschlussreich sein mögen, die sich über die Zukunft der demokratischen Debatte im Allgemeinen und der Volksparteien im Besonderen Gedanken machen. Denn schließlich richtet sich die Kritik ja an alle ehemals großen Parteien der Bundesrepublik – und oftmals sogar in erster Linie an die Unionsparteien.

Es darf die Leserin oder den Leser aber nicht verwundern, dass dieses Buch neben den grundsätzlichen und allgemeinen Betrachtungen im weiteren Verlauf insbesondere auch ein Ansporn für all diejenigen sein soll, die derzeit daran arbeiten, die Zukunft der SPD als sozialer und demokratischer Volkspartei der linken Mitte zu sichern. Denn darum geht es in diesem Essay in letzter Konsequenz auch: auf der

Basis einer halbwegs gründlichen Analyse der aktuellen politischen und gesellschaftlichen Situation Wege aufzuzeigen, auf denen sich nicht nur der abstrakte Typus der Volkspartei, sondern auch ganz konkret die SPD erneuern kann, um ihre Zukunft als gestaltende politische Kraft der Bundesrepublik zu sichern. Ich bin fest davon überzeugt: Sie wird gebraucht – nicht nur weil sie unermessliche historische Verdienste hat, sondern weil sie als solidarische und programmatische Volkspartei alle Qualitäten in sich trägt, die es braucht, um unter den komplexen Bedingungen moderner Gesellschaften leidenschaftlich vernünftige Politik zu machen.

Aber was ist da eigentlich passiert, im Mai 2019? Glaubt man dem Grimm'schen Wörterbuch, bedeutet der Begriff *Zerstörung* »etwas durch stochern mit einem werkzeug aus seinem zusammenhang bringen, also etwa [...] ein feuer, indem man die holzscheite auseinanderstöszt [...], während ein feuer stören es durch stochern in hellen brand bringen bedeutet«.[3] Diese metaphorische Ebene ist nahe dran an dem, was seit jenen späten Maitagen im Lande los ist. Die demokratische Öffentlichkeit, die Tektonik des Parteiensystems und die Vorstellungen von ordentlicher demokratischer Politik und ihrer Legitimation sind vielleicht nicht in »hellen brand« geraten, aber sehr wohl aus ihrem Zusammenhang und damit aus ihrem etablierten Gefüge gebracht worden. Darin liegt eine außerordentliche Chance, die Fundamente unserer Demokratie zu besichtigen, zu bewerten, wo nötig zu erneuern und wo möglich zu festigen. Deshalb ist es wichtig, dass wir die Debatte annehmen und ins Konstruktive wenden. Dass etwas aus dem Zusammenhang gebracht wurde, bietet die Chance, den Routinemodus zu verlassen, den zerstörten Zusammenhang auf seine Plausibilität zu prüfen und eine neue Fügung zu vereinbaren. Es geht also aktuell nicht bloß darum, wissenschaftliche Erkenntnis in politisches Handeln zu übersetzen, wie jene Kritik nahelegt, die der Politik zu Recht vorwirft, die Augen vor manch offensichtlicher Entwicklung zu lange verschlossen zu haben. Sondern es geht auch darum, politisch und gesellschaftlich die Fähigkeit wiederzuerlangen, sich über die Herausforderungen der Zeit und die richtigen Lösungsstrategien konstruktiv zu streiten, um am Ende in einem demokratischen Verfahren einen gemeinsamen Handlungspfad zu vereinbaren, der Geltung beanspruchen kann.

Nach jeder Zerstörung folgt der Wiederaufbau. Und wir haben aktuell einiges mehr wieder aufzubauen als bloß das Vertrauen in die Politik der großen Parteien. Es geht auch um die Grundfeste des öffentlichen Gesprächs unserer Demokratie, um die großen Konflikte über den Umgang mit kultureller Vielfalt und globalen Bedrohungen, um die Bewältigung der ökologischen Krise und um die Sicherung der Freiheit als der Grundlage des vernünftigen Gemeinsinns unserer Gesellschaft. Diese grundlegenden Fragen gemeinsam zu klären, schafft die Voraussetzung dafür, über die Mechanismen des Politischen, der Parteien und ihrer unterschiedlichen Angebote nachdenken zu können.

Zu lange haben insbesondere die großen etablierten Volksparteien gezögert oder Alternativen erwogen, sind vor nicht absehbaren oder auch imaginierten Folgen ihres Handelns zurückgeschreckt. Zu routiniert und technokratisch wirkte ihre Herangehensweise an die immer drängenderen großen Aufgaben der Zeit und der Zukunft, zu lange waren sie dem bundesrepublikanischen Pathos der Nüchternheit verbunden, als dass sie mit den neuen emotionalen Bedürfnissen einer aufgewühlten Gesellschaft Schritt hätten halten können. In der Folge hat sich die politische Landschaft schleichend, aber radikal gewandelt. War die Bundesrepublik über Jahrzehnte hinweg geprägt von der Mitte-rechts-Politik der Union und der Mitte-links-Politik der SPD, um die herum sich jeweils kleinere Koalitionspartner gruppierten, scheint es eine neue Konfliktlinie zwischen der rechtspopulistischen nationalistischen Alternative für Deutschland und den klimapolitisch universalistischen Grünen zu geben. Dies ist auch das Ergebnis einer nunmehr gefühlt seit 2005 regierenden Großen Koalition (wer erinnert sich schon an das schwarz-gelbe Intermezzo 2009–2013?), in deren Folge die strukturierende Differenz zwischen den Mitte-rechts-Angeboten der Union und den Mitte-links-Angeboten der SPD zunehmend nivelliert und so die für eine Demokratie notwendige Unterscheidbarkeit politischer Alternativen zumindest entlang dieser klassischen Konfliktebene im Regierungshandeln zu sehr eingeebnet wurde.

Die alten Pole des Parteiensystems und der politischen Debatte haben dadurch spürbar an Integrationskraft verloren und werden – zunehmend weniger schleichend – abgelöst von neuen politisch-ideologischen Kraftzentren, die imstande sind, emotionale Identifikationsangebote in zunehmend unübersichtlichen Zeiten zu formulieren: Pegida und AfD versprechen eine heimelig homogene nationale Gemeinschaft, in der sich die Bürgerinnen und Bürger nicht mit den Spannungen und Konflikten kultureller und sozialer Vielfalt auseinandersetzen müssen. Die Aktivistinnen und Aktivisten von *#fridaysforfuture* und die Grünen schaffen ein globales Gefühl für die gemeinsame Betroffenheit im Kampf gegen die menschheitsbedrohende Katastrophe des Klimawandels. Diese beiden politischen Angebote sind in allen ihren politischen und ethischen Aspekten diametral kontrovers: Während die Rechten die Sorgen von Bürgerinnen und Bürgern gegen andere Menschen instrumentalisieren, um eine vielfältige Gesellschaft zu spalten, engagieren sich die Klima-Aktivistinnen und Aktivisten dafür, möglichst globalen Zusammenhalt zur Bewältigung einer enormen Menschheitsaufgabe zu mobilisieren.

Aber in einer spezifischen Dimension wirken sie auf bestimmte Milieus vergleichbar: Auf ganz unterschiedliche Weise bieten beide Parteien ihren Anhängerinnen und Anhängern die Möglichkeit, sich hinter konkreten politischen Zielen und Vorhaben zu versammeln. Anders als die klassischen Volksparteien geht es hier nicht nur um die wertegebundene Akzentuierung eigentlich formal zu gewährleistender Freiheiten, sondern um die Möglichkeit eines konkreten Bekenntnisses. Zugespitzt formuliert: Wer die AfD wählt, ist gegen Ausländer und Homosexuelle und für eine homogene deutsche Kultur. Wer die Grünen wählt, bekennt sich zum Kampf gegen die Ursachen des Klimawandels und ist gegen rechts. Klare und vor allem auch konträre Botschaften, die einen neuen gesellschaftlichen Grundkonflikt markieren – zwischen denen, die eine vergangene Heimat suchen, und denen, die die Zukunft des Planeten sichern wollen. Klare Angebote, Geborgenheit und Zusammenhalt in einer Gemeinschaft zu finden, die sich in einem gemeinsamen Anliegen findet.

Vergleichbare Angebote versuchen auch die ehemals großen Volksparteien zu formulieren, mit offensichtlich derzeit abnehmendem Erfolg. Zwischen intoleranter rechter Fremdenangst und berechtigter grüner Klimasorge rutscht vieles hindurch, das dringend ebenfalls der politischen und gesellschaftlichen Betrachtung lohnen würde, weil es zur Lösung der anstehenden Probleme durchaus beitragen könnte. Das sind die klassischen Anliegen der Volksparteien: Es geht schließlich auch um die Bewahrung unserer Demokratie und damit um die Zukunft eines Prinzips unseres Zusammenlebens, das die Vernunft und die Fähigkeit zur Verständigung ins Zentrum rückt. Das erreichen Volksparteien nicht, indem sie – wie aktuell vielfach propagiert – in ihren Programmatiken ebenfalls radikaler oder extravaganter werden, sondern indem sie sich um eine präzisere Begründung und Kontextualisierung – und damit Erkennbarkeit – ihrer jeweils auf die Mitte gerichteten politischen Vorschläge kümmern.

Bereits 1982 stellte der SPD-Vordenker Peter Glotz besorgt fest: »Das Land gerät in eine Stimmung, in der der Kompromiß immer fragwürdiger zu werden scheint. […] Mein Eindruck ist, daß in vielen Gruppen der deutschen Gesellschaft die Bereitschaft zum geduldigen Aufdröseln der Probleme schwindet.«[4] Kaum auszudenken, was er 37 Jahre später schreiben würde, wenn er die heutigen Verhältnisse sehen und den Antagonismus zwischen einem technizistisch erscheinenden Regierungshandeln in einer beinahe dauerhaften Großen Koalition von CDU / CSU und SPD auf der einen und einer neuen Unversöhnlichkeit in der politischen Debatte zwischen neurechten kulturellen Vielfaltskritikern und jugendlichen Klimaschützern auf der anderen Seite analysieren müsste.

Es geht angesichts dieser Konfrontation zwischen pathetisch ernüchterter Verfahrenspolitik und neuen, hoch emotionalisierten Angstszenarien darum, dass wir uns wieder gemeinsam in die Lage versetzen, radikal verständigungsbereit zu sein. Darum, dass wir leidenschaftlich vernünftig sind. Und darum, neue demokratische Solidarität auszuprägen. Denn anders als frühere gesellschaftliche Auseinandersetzungen, die sich um die Freiheit des Einzelnen und die durch den Staat zu gewährleistende Gerechtigkeit organisierten, stehen unter den Bedingungen von Globalisierung, Digitalisierung und demographischem Wandel – mittelbar und unmittelbar – zunehmend Fragen des gesellschaftlichen Zusammenhalts im Zentrum der politischen Debatte. Diese Herausforderung anzunehmen, ist die entscheidende Voraussetzung dafür, die Zukunft unserer freien, offenen, vielfältigen und demokratischen Gesellschaft gemeinsam politisch gestalten zu können.

DIE ZERSTÖRUNG DES ÖFFENTLICHEN GESPRÄCHS

Es hat sich etwas verändert in der Art und Weise, wie wir miteinander öffentlich – und damit politisch – sprechen. Dieser Befund ist keineswegs neu. Seit mindestens zwei Jahrzehnten stellen immer neue digitale Informations-, Kommunikations- und Vernetzungsangebote unsere hergebrachten Vorstellungen öffentlicher Kommunikation radikal auf den Kopf. Das offene Internet bietet eine Vielzahl an Möglichkeiten der direkten Information auch unter Umgehung klassischer journalistischer Vermittler. Suchmaschinen strukturieren das Wissen der Welt und machen es in einer Art und Weise zugänglich, von der seit der Aufklärung allenfalls geträumt werden konnte. Und soziale Netzwerke bieten die Möglichkeit des direkten Austauschs und der politischen Mobilisierung aus eigener Kraft.

Vordergründig bedeuten diese technologischen Innovationen zunächst eine Demokratisierung des Wissens und die Erfüllung des alten Brecht'schen Traums, von den Distributions- zu den Kommunikationsapparaten zu gelangen. Aber damit verbunden ist auch der Abschied von jenen Vorstellungen von Massenmedien, die nicht nur viele – und abstrakt alle! – erreichen können, sondern die damit auch einer Gemeinschaft dazu verhelfen, im Gespräch über die anliegenden Themen zur Gesellschaft zu werden.

Da etliche das Ende dieser massenmedialen Formierung gesellschaftlicher Kommunikation aktuell als Risiko für unsere Demokratie beklagen, lohnt es, sich noch einmal die jahrzehntelange Kritik an der massenmedial geprägten Demokratie ins Gedächtnis zu rufen. In *Strukturwandel der Öffentlichkeit,* seiner scharfen Abrechnung mit der Medienöffentlichkeit moderner Demokratien, hat Jürgen Habermas vor mehr als einem halben Jahrhundert eindringlich beschrieben, welche Kollateralschäden die für eine Demokratie notwendige Institutionalisierung öffentlicher Information und Kommunikation mit sich bringen kann.[5] Es entstehen neue Machtstrukturen, die eng verbunden sind mit der Möglichkeit der Medien, den Zugang zum gesellschaftlichen Gespräch zu regulieren und zu kontrollieren. Einzelne Bürgerinnen und Bürger kamen nur zufällig oder als Beiwerk erlittener Katastrophen in den Genuss öffentlicher Wahrnehmung. Das Prinzip der Repräsentanz war die Grundlage der Teilhabe und letztlich der parlamentarischen Staatsform als Ganzes. Wenige herausgehobene Protagonisten sprachen als korporatistisch legitimierte Vertreter großer Interessengruppen. Das Staatsvolk trat meist nur als Masse in Erscheinung, deren Willen sich in aggregierter Form bei Wahlen äußerte.

In einer solcherart vorstrukturierten Öffentlichkeit drohten wenige Überraschungen. Im Normalfall informierten die politischen Spitzenakteure über ihre politischen Vorhaben und diskutierten dann mit Vertretern der zivilgesellschaftlichen Organisationen das Für und Wider einzelner Aspekte, um letztlich zu einer parlamentarischen Entscheidung zu gelangen. Diese war Ausdruck der Kompromisse, die erforderlich waren, um eine Mehrheit der Bevölkerung bzw. der Abgeordneten hinter einem Vorschlag zu vereinen. Die Massenmedien berichteten über die Auseinandersetzungen im politischen Raum anhand starker, wahrnehmbarer Akteure, die bestimmte politische Positionen verkörperten. Auf diese Weise entstand eine erzählbare Akteurskonstellation.

Natürlich gab es auch in diesen massenmedial geprägten Zeiten regelmäßig Störungen, auch Zerstörungen des Routinemodus – und zwar immer dann, wenn zivilgesellschaftliche Akteure das Gefühl hatten, dass sich Regierung, Parlament oder Parteien, mithin das politische Zentrum, nicht ausreichend um eine Angelegenheit von Bedeutung kümmerten, und deshalb in die Top-down-Vermittlung eingriffen.[6] Aber diese Störungen bezogen sich auf die klassischen Institutionen der Öffentlichkeit. Um ein neues Thema zu setzen oder mit mehr Dringlichkeit zu versehen, musste es über die massenmediale Wahrnehmungsschwelle gehoben werden – durch weithin sichtbar mobilisierenden Protest wie die Demonstrationen gegen atomare Aufrüstung oder durch gezielt auf mediale Wahrnehmung hin inszenierte Protestaktionen wie die spektakulären David-gegen-Goliath-Kämpfe von Greenpeace oder den kalkulierten zivilen Ungehorsam im Kampf gegen geplante Atommüllendlager oder Wiederaufbereitungsanlagen. Adressat dieser Aktionen war natürlich die allgemeine Öffentlichkeit – allerdings nur mittelbar, während sich die unmittelbare Aktion an journalistische Medien, ihre Auswahlmechanismen und Bildlogiken richtete.

Politisches Routinehandeln und zivilgesellschaftlicher Protest begegneten sich so letzten Endes stets in der gleichen Arena massenmedial vermittelter Öffentlichkeit. Schon damals sah die Politik dabei oft nicht gut aus, wenn sie von einem Thema oder dem Furor der Kritik überrascht wurde. Und dennoch hatte sie Zeit, Gelegenheit und ein Forum, darauf wahrnehmbar zu reagieren. Das wird in den aktuell fragmentierten Öffentlichkeiten zunehmend schwieriger und trägt zu der seltsam wortreichen Sprachlosigkeit bei, die wir in vielen Debatten erleben. Ein wesentlicher Grund liegt in einer fundamental veränderten Vermittlungslogik des Öffentlichen, die verstehen muss, wer sich künftig wirksam am gesellschaftlichen Gespräch beteiligen will.

In der klassischen massenmedialen Öffentlichkeit gab es einen ökonomisch wie publizistisch rationalen Mechanismus der Auswahl und Aufbereitung von Themen, der sicherstellen sollte, dass eine möglichst große Reichweite erzielt werden konnte. Da die Zielgruppenansprache technisch kaum zu differenzieren war und eine Zeitung oder Zeitschrift ebenso wie eine Fernsehsendung immer auf eine möglichst große Verbreitung hin konzipiert wurde, orientierten sich auch Themenauswahl und Darstellung in der Regel auf den größten gemeinsamen Nenner und damit auf eine gesellschaftlich wirksame Vorstellung öffentlicher und allgemeiner Relevanz. Diese konfigurierte zugleich den Vorrat an Themen und Meinungen, der politisch und gesellschaftlich mit demokratischen Mitteln zu strukturieren und zu bearbeiten war.

Digitale Öffentlichkeit funktioniert verglichen mit dieser »One-to-Many«-Logik vollständig anders. Dies hat vor allem etwas zu tun mit dem Hinzutreten neuer digitaler Mittler, die zwischen den klassischen Medienanbietern und den Bürgerinnen und Bürgern mediale Angebote entbündeln, mit weiteren Informationen vermengen, neu zusammensetzen und erfahrbar machen. Dies geschieht nicht mehr regelhaft in einem redaktionellen Gesamtangebot, das diskursiv verhandelt und gemeinsam erarbeitet wird, sondern ist algorithmisch gesteuert. Auf den digitalen Plattformen existiert deshalb auch keine fakultative Themenauswahl mehr. Das präsentierte Informationsbukett ist stattdessen in der Regel personalisiert und orientiert sich jeweils individuell auf der Grundlage des bisherigen Surf- und Suchverhaltens am unterstellten singulären Interesse des jeweiligen Nutzers. Ausschlaggebend ist also heute weniger eine Idee öffentlicher Relevanz als vielmehr eine ausrechenbare individuelle Relevanz, die auf die Bedürfnisse des jeweils Einzelnen gerichtet ist.

Auch auf der Kommunikatorseite differenzieren sich die Zugänge erheblich aus: Während der Weg in die allgemeine öffentliche Verbreitung früher durch redaktionelle Medien gesteuert wurde und durch die hohen institutionellen Kosten für die Verbreitung von Inhalten – sei es gedruckt oder gesendet – beschränkt war, steht es heute jedem Besitzer eines Smartphones frei, sich beinahe ohne jegliche zusätzliche Kosten an eine weltweit unbegrenzte Öffentlichkeit zu richten. Die massenmedial vermittelte Öffentlichkeit wird inzwischen ergänzt durch zahlreiche Plattformen und Foren, in denen eine neue digitale Direktheit die Kommunikation prägt und in denen sich beinahe jeder zu beinahe jedem Thema äußern kann. Oder wie der Songwriter Danny Dziuk in seinem Lied »Ja, man darf (Demokratie)« singt: »Man darf in diesem Land beinah alles sagen / nur muss man dann auch das Echo vertragen.« Damit zielt er auf die rechtspopulistische Formel »Das wird man doch noch sagen dürfen« und weist trocken darauf hin, dass die Gegenrede ebenfalls möglich bleiben muss. »So geht halt Demokratie. Punkt.«

In diesen Veränderungen sowohl auf der Empfänger- als auch auf der Senderseite liegt zunächst einmal eine unglaubliche Chance auf einen demokratischen Freiheitsgewinn. Wenn beinahe jede Information uneingeschränkt verfügbar ist und beinahe jede Meinung uneingeschränkt wahrnehmbar geäußert werden kann, dann bedeutet das eine Aufweichung genau jener vermachteten Strukturen der Massenkommunikation, die über Jahrzehnte hinweg an den klassischen Medien kritisiert worden sind. Zugleich aber stellt sich immer brennender die Frage, wie es gelingen kann, in der drohenden Kakophonie einzelner Aussagen und in der unübersichtlich differenzierten technischen Aufbereitung von Information noch einen gemeinsamen Kristallisationspunkt öffentlicher Meinung zu gewährleisten.

In dem Buch *Wie Demokratien sterben* beschreiben die Harvard-Politologen Steven Levitsky und David Ziblatt, dass die Fähigkeit, den jeweils anderen in seiner Position anzuerkennen, eine der »Leitplanken der Demokratie« sei.[7] Wenn sie verloren ginge, dann sei auch die Demokratie in Gefahr. In der aktuellen Netzkommunikation scheint genau das regelmäßig zu passieren. Das zeigte sich zum Beispiel Anfang des Jahres 2019, als in Deutschland erbittert über eine europäische Urheberrechtsreform gestritten wurde. Die überaus hitzig geführte öffentliche Debatte war geprägt von Diskreditierungen, Diffamierungen, Anfeindungen und Verleumdungen. Vielfach wurden die damaligen Entgleisungen als ein weiteres Beispiel einer sich zum Negativen verändernden Diskussionskultur in unseren aufgeklärten Gesellschaften interpretiert.

Es ging um eine komplexe Frage und eine diffizile Abwägungsnotwendigkeit zwischen Meinungsfreiheit und Urheberrecht. Doch die Rollen, die sich die Konfliktbeteiligten gegenseitig zuschrieben, waren radikal vereinfacht und verzerrt: Junge »Digital Natives«, die den völligen Freiheitsverlust und den Zusammenbruch des Internets, wie sie es kennen, befürchteten, kritisierten »alte Männer«, die sich an der Vergangenheit festklammerten und ein vordigitalzeitliches Weltbild retten wollten. Künstlerinnen und Kreative, die um ihre Freiheit und ihre Existenz fürchteten, kritisierten Big-Tech-gesteuerte Piraten, die der vollständigen Vermarktung durch globale Plattformen Vorschub leisten wollten. Beides war und ist in dieser Zuspitzung falsch! Aber eine differenzierende Vermittlung zwischen den beiden Maximalpositionen war kaum möglich. Vielmehr vertieften sich bereits existierende Gräben nur – *#niewiederCDU*, *#niewiederCSU* und *#niewiederSPD* lauteten die unversöhnlichen Hashtags der Stunde. Hier wurde bereits der Boden bereitet für jene Nichtwahlaufrufe, mit denen Rezo und seine Freundinnen und Freunde kurze Zeit später zur Zerstörung bliesen.

Auch weil die in Rede stehende Urheberrichtlinie ganz maßgeblich die Bedingungen im digitalen Zeitalter betraf, war die Diskussion gewissermaßen die Ouvertüre für die weiteren Verwerfungen dieses Jahres. Diese haben ihre Ursache auch in der Funktionsweise digitaler Kommunikationsplattformen: Sie erzeugen einen Turboeffekt, der Gedanken blitzschnell in die Öffentlichkeit schleudert, auch wenn sie nicht durchdacht sind. Der US-Digitalexperte Jeff Jarvis warnte kürzlich vor einer Situation, in der alle sprechen, aber niemand mehr zuhört. Bisweilen erinnert unsere öffentliche Kommunikation an genau solch ein Durcheinander. Es ist bislang weder technisch noch kommunikativ gelungen, aus den vielfältig gestiegenen Äußerungsmöglichkeiten digitaler Öffentlichkeiten wieder ein gesellschaftliches Gespräch zu entwickeln.

In diesem Kontext ist es sicherlich augenfällig, dass die Aktivität im Netz in Bezug auf die Artikulation von Meinungen vergleichsweise wenig mit dem Alter der User korreliert, es aber sehr wohl eine aussagekräftige Beziehung zur politischen Orientierung gibt. Der *Reuters Institute Digital News Report 2019* stellt fest: »Auffällig ist erneut, dass Internetnutzer, die sich in der politischen Mitte verorten, tendenziell weniger aktiv sind als Onliner an den beiden politischen Rändern.«[8] Ob das Indizien für sich bildende Filterblasen oder Echokammern sind, oder ob es etwas damit zu tun hat, dass die Mitte tendenziell zufriedener ist und deshalb keinen Grund zur Beteiligung sieht, oder ob sie sich immer noch stärker zu den klassischen Medien hingezogen fühlt als andere Gruppen, muss hier offen bleiben. Sicher ist hingegen, dass hinter dieser Beobachtung die Konsequenz steht, dass diejenigen, die sich vorwiegend digital informieren, damit – zumindest in den Interaktionsbereichen – ein Bild des politischen Diskurses vorfinden, in dem die Mitte strukturell unterrepräsentiert ist.

Auch vor dem Hintergrund derartiger Beobachtungen richten sich die Herausforderungen des Erfolgs des Rezo-Videos und vor allem der Gestaltung digital vermittelter öffentlicher Kommunikation nicht nur an die Politik, sondern allgemeiner auch an all jene, die Verantwortung für das Zustandekommen vernünftiger Öffentlichkeit in unserem Land tragen, an die Journalistinnen und Journalisten ebenso wie an die Verantwortlichen in den Medienhäusern und Verlagen. Ganz offensichtlich ist es nämlich auch unter den medialen Rahmenbedingungen digitaler Angebote möglich, große Reichweiten von mehreren Millionen Zuschauerinnen und Zuschauern zu erreichen. Wenige Tage nach Veröffentlichung verzeichnete das Video von Rezo jedenfalls schon 14 Millionen Views und erzielte damit eine Reichweite, die bislang vorwiegend klassischen Medienangeboten vorbehalten war. Die Inhalte des Videos waren Tagesgespräch – in den Medien genauso wie an vielen Küchentischen, in den Kantinen und zwischen Enkeln und Großeltern.

Der große, die gesellschaftliche Debatte prägende Aufschlag ist also auch über YouTube möglich. Zu denken geben muss es, dass er nicht von Politikerinnen und Politikern, auch nicht aus einer klassischen NGO und erst recht nicht von Journalistinnen und Journalisten formuliert wurde, sondern quasi aus dem Off, von einem YouTube-Vlogger, der seine 1,6 Millionen Follower sonst vor allem mit Videos zu Musikthemen oder Touren durch seine private Wohnung erreicht, und der bis zu diesem Zeitpunkt kaum als politischer Aktivist jenseits unmittelbarer Betroffenheit in Erscheinung getreten war. In der Konsequenz bietet sein YouTube-Channel natürlich auch keine Struktur für die offensichtlich notwendige gesellschaftliche Debatte. Rezo hat die Möglichkeiten genutzt, die ihm aufgrund seiner Netzprominenz zur Verfügung standen, um seine Meinung prononciert zum Ausdruck zu bringen – und er hat ganz offensichtlich sehr viel Resonanz und Zustimmung für seinen Standpunkt erfahren. Ob er sich anschließend als Gesprächsteilnehmer in der Auseinandersetzung mit den von ihm kritisierten Parteien oder anderen politischen und gesellschaftlichen Akteuren zur Verfügung stellt, ist allein seine eigene Entscheidung. Eine Verantwortung, die weitere Debatte gar zu moderieren oder konstruktiv weiter zu entwickeln, hat er nicht.

Das aber ist die professionelle Aufgabe von Journalistinnen und Journalisten, deren Formate im Netz oftmals Reichweiten besitzen, die hinter denen erfolgreicher Influencer deutlich zurückbleiben: eine entscheidende Umkehrung der einstigen Verhältnisse. In den klassischen Medien war das Forum der Vernetzung und der Moderation immer reichweitenstärker als die Kanäle der individuellen oder verbandlichen Interessenartikulation. Dass sich dies zu ändern begann, wurde erstmals deutlich, als der sogenannte »Groundswell« entdeckt wurde, jenes untergründige Grummeln in Foren und Blogs, das zwar unterhalb der Wahrnehmungsschwelle der Öffentlichkeit und ihrer Medien stattfand, langsam aber Meinungen und Verhaltensmuster zu prägen begann.[9] Beispiele dafür waren etwa die Einschätzungen der Qualität onkologischer Kliniken in den USA oder die Bewertung des Kundenservice des Computerherstellers Dell (»Dell is hell«), die sich lange Zeit unentdeckt von den Betroffenen und den professionellen Beobachtern verfestigten, bevor sie auch in der allgemeinen Öffentlichkeit zum Thema wurden. Diese Schwelle wird heute nicht nur schneller genommen, sie ist in weiten Teilen sogar irrelevant geworden, weil die Reichweite des Ursprungskanals durch die Reichweite der Plattform, auf der er gehostet wird, schon aus sich heraus so enorm sein kann, dass es der massenmedialen Verstärkung nicht mehr bedarf.

Wer seine eigene Meinung auf dem eigenen Kanal reichweitenstark und pointiert artikulieren kann, der ist nicht mehr darauf angewiesen, sie journalistisch moderiert in einen gesellschaftlichen Gesprächszusammenhang zu setzen und in der Sache zu verhandeln, um daraus gesellschaftliche und politische Konsequenzen zu ziehen. Genau das aber müsste auch im Falle Rezo der nächste Schritt sein, damit seine Kritik auch politisch fruchtet. Es ist bezeichnend für die Lage der journalistischen Medien, dass ein solcher Versuch scheiterte und sich die öffentliche Debatte stattdessen darauf konzentrierte, ob die ebenfalls unterbreiteten Gesprächsangebote der Parteien angenommen werden würden.

Damit aber fände ein notwendiger öffentlicher Diskurs unter den Bedingungen interessengeleiteter Inszenierung statt. So wichtig es wäre, dass die Parteien und die neuen Influencer enger in ein Gespräch über ihre jeweilige kommunikative Macht eintreten, umso klarer sollte es doch sein, dass die inhaltliche Debatte über die von Rezo aufgeworfenen Fragen in die öffentliche Arena gehören, um sie im Gespräch zwischen allen Beteiligten und Interessierten zu verhandeln. Dieses Gespräch zu organisieren ist unzweifelhaft eine journalistische Herausforderung und eine demokratiepolitische Notwendigkeit. Dass Journalismus dazu ganz offensichtlich nicht mehr zwangsläufig über die notwendige Reichweite und Zielgruppensensibilität verfügt, ist ein ernüchternder Befund.

Angesichts des zunehmenden Verlustes ihrer klassischen Gatekeeper-Rolle stehen journalistische Medien vor der Aufgabe, nicht nur ihre wirtschaftlichen Grundlagen, sondern auch ihre demokratische und gesellschaftliche Rolle neu zu definieren. Schon heute diskutieren Pressesprecher mit ihren Chefs überall in der Hauptstadt, ob es eigentlich noch Sinn hat, ein aufwändiges Interview zu geben oder ob sich drei schnelle Social-Media-Posts nicht am Ende mehr lohnen könnten. US-Präsident Donald Trump rät allen Interessierten bereits unverhohlen, sich Informationen direkt an der Quelle, also von seinen Social-Media-Accounts, zu besorgen – ohne den Umweg über eine journalistische Vermittlung.

Selbst die über lange Jahre hinweg noch plausible Veredelung einer Nachricht durch journalistische Auswahl und Vermittlung, die ein Beleg ihrer Relevanz sein sollte, verliert an Wert, wenn sie weder hinsichtlich ihrer quantitativen Reichweite noch hinsichtlich ihrer qualitativen Glaubwürdigkeit in der Lage ist, sich von der direkten Vermittlung abzusetzen. Es sind nicht nur aktuelle Branchenskandale wie die Fälschungen des *Spiegel*-Reporters Claas Relotius oder die zyklisch diskutierten Zweifel an der Legitimation journalistischer Privilegien, die an der Wirksamkeit journalistischer Arbeit nagen, sondern vor allem die tiefgreifende gesellschaftliche Verunsicherung hinsichtlich Aufgabe und Rolle medialer Vermittlungs- und Moderationsleistungen überhaupt. All dies hat natürlich auch viel zu tun mit einer Situation, in der die Redaktionen Personal und Ressourcen verlieren, während in den Presse- und Onlineteams von Ministerien, Parteien und Verbänden ordentlich aufgestockt wird, um dem gesellschaftlichen Bedürfnis nach direkter Information und Kommunikation besser nachkommen zu können. Insbesondere die AfD und ihre Kanäle zeigen sich immer wieder besonders versiert, die Verbreitungsmechanismen digitaler Mittler effektiv zu nutzen, um Reichweite zu erzeugen.

Es scheint, als sei die Parole »Kill the Middleman« die Weisheit der Stunde, wobei gerne übersehen wird, dass letzten Endes nur der eine *Middleman* in Form der journalistischen Redaktion ersetzt wird durch einen anderen, in Form der technischen Apparatur eines digitalen Mittlers. Die Kommunikation zwischen Politik und Bevölkerung ist somit auch künftig abhängig von einer vermittelnden Struktur, die sich aber weit diskreter im Hintergrund hält als die klassischen Medien, ohne freilich auf strukturierende, wertende und gewichtende Maßnahmen zu verzichten. Denn natürlich müssen auch die digitalen Mittler Information auswählen und gewichten. Sie tun dies auf der Basis komplexer Algorithmen, die neben allgemeinen Erwägungen immer auch das Wissen um das bisherige Nutzerverhalten der Einzelnen mit berücksichtigen. Sie sind dabei nicht in gleicher Weise offen politisch einzuordnen und erst recht nicht so leicht zu dekonstruieren, wie das in der Vergangenheit bei Massenmedien der Fall gewesen ist. Damals ließen sich unterschiedliche Informationsbuketts recht leicht miteinander vergleichen, heute ist es unmöglich zu überblicken, was man nicht weiß, um diese Leerstellen mit der Relevanz des Auffindbaren abgleichen zu können.

Angesichts dessen ist es für große Plattformen wie YouTube oder Facebook mittlerweile sehr wohl ein Thema, sogenannte *trusted sources* zu identifizieren, auf die insbesondere bei prekären Nachrichtenlagen zurückgegriffen werden kann. Hierbei handelt es sich – wenig verwunderlich – um die klassischen, starken Medienmarken der analogen Welt. Nicht zuletzt deshalb fängt auch bei den neuen digitalen Mittlern das Nachdenken darüber an, wie solche klassischen Informations- und Orientierungsangebote am Markt gehalten werden können, um die neue Vermittlungsstruktur mit vertrauenswürdigen Inhalten zu versorgen.

Es wird in Zukunft entscheidend darauf ankommen, dass sich Medienangebote nicht nur als Vermittler zwischen den unterschiedlichen Standpunkten einer gesellschaftlichen Debatte verstehen. Sie müssen auch den Blick weiten und eben jene Stimmen mit in die Berichterstattung aufnehmen, die in der Vergangenheit mangels Expertenstatus oder gesellschaftlicher und fachlicher Relevanz nicht aufgetaucht wären. Doch wenn ein Musikblogger mit seinen Überlegungen zum Klimawandel, zu Waffenexporten und zur Rolle klassischer Volksparteien mehr als 14 Millionen Zuschauerinnen und Zuschauer erreicht, dann ist die Relevanzschwelle überschritten und eine intensive Auseinandersetzung mehr als gerechtfertigt. Um diese in vergleichbarer

Reichweitenstärke führen zu können, stehen journalistische Angebote vor der Aufgabe, die neuen Kommunikationstechniken in Darstellung und Verbreitung nicht nur zu beherrschen, sondern sie in ihren professionell genutzten Instrumentenkasten zu integrieren. Schon heute zeigen die Reichweiten journalistischer Angebote, dass niemals zuvor so viele Menschen Zugang zu journalistischer Berichterstattung hatten wie im Moment. Zugleich aber geht aus den qualitativen Debatten hervor, dass diese Reichweite kaum mit steigender Relevanz einhergeht, sondern eher mit einer schleichenden Entwertung journalistischer Berichterstattung.

Wenn aber Rezos Video verstanden wird als ein Appell an alle, endlich die Dringlichkeit der Lage anzuerkennen und entsprechend zu handeln, dann richtet er sich natürlich auch an die Anwälte des gesellschaftlichen Gesprächs und fordert sie zumindest heraus, ihre kommode Selbstneutralisierung als Beobachter zweiter Ordnung zu verlassen und selbst Verstehen und Verständigung durch ihr Tun und Handeln zu fördern. Dazu aber bräuchte es einen Journalismus und journalistische Medien, die mehr als bisher das Wagnis des offenen Diskurses jeden Tag aufs Neue eingehen, neue Formate ausprobieren und nicht davor zurückscheuen, redaktionell Stellung zu beziehen.

Wenn wir nämlich die gesellschaftliche Kommunikation in der medial vermittelten Öffentlichkeit als ein gesellschaftliches Gespräch begreifen, dann bedeutet das auch, dass wir davon ausgehen, dass in diesem Gespräch nicht nur Information ausgetauscht, sondern auch soziale Beziehungen wechselseitiger Anerkennung geschaffen werden. Und dann unterstellen wir auch, dass in einem Gespräch die jeweils formulierten Geltungsansprüche auf Wahrheit, Richtigkeit und Wahrhaftigkeit geprüft und gegebenenfalls diskutiert werden können.[10] Das aber gelingt nur, wenn man die Argumente wägt und Stellung bezieht, um gegebenenfalls im weiteren Diskurs etwaige Unklarheiten auszuräumen. Journalistinnen und Journalisten, die einem derartigen diskursiven Verständnis ihrer Arbeit folgen, sind zum einen in der Lage, mit ganz unterschiedlichen Debattenbeiträgen – von der korporatistischen Pressemitteilung bis zum teilöffentlichen *rant* eines Musik-Vloggers – umzugehen und wissen zum anderen, dass sie werten müssen, um verstehen zu können und Orientierung zu vermitteln. Dieses reflexive Verständnis der eigenen Rolle als Anwälte der Möglichkeit gesellschaftlicher Diskurse auf allen Ebenen und in allen Facetten dürfte einer der entscheidenden Wege in die Zukunft des Journalismus sein.[11]

Ein solcherart verstandener Journalismus akzeptiert die Vielfalt des Publikums und der Gesellschaft und verzichtet auf die umständliche Konstruktion neuer vorstrukturierter Gruppenidentitäten. Zugleich aber zielt er in dem Streben, Gespräch und Diskurs zu ermöglichen, darauf, einen sozialen Zusammenhang zu gewährleisten, der aus der Vielfalt heraus gemeinsame Perspektive, gemeinsame Orientierung und damit aufgeklärte Demokratiefähigkeit ermöglichen kann. Und er verbleibt anschlussfähig an andere kommunikative Mittler und Meinungsakteure, die ihren Weg außerhalb der journalistischen Medien zu ihrem Publikum suchen.

In einer Zeit, in der viele gesellschaftliche und politische Meinungsmacherinnen und -macher zur pathetischen Selbstüberhöhung neigen, ist es wichtig, daran zu erinnern, dass Journalismus in seiner heutigen Form ein Kind der Aufklärung ist und einer Gesellschaft dabei helfen soll, den politischen Verständigungsprozess kritisch zu begleiten und zu bewältigen. Auch Journalistinnen und Journalisten können in der Konturierung ihrer Aufgabe somit auf eine größere Aufgabe als die erfolgreiche Anzeigenumfeldgestaltung oder das strategisch ausgefeilteste Clickbaiting verweisen – und sie müssen es tun, wenn sie der immensen Aufgabe ihres Berufsstandes in unserer Gesellschaft auch in Zukunft gerecht werden wollen. Diese Aufgabe besteht darin, eine kommunikative Öffentlichkeit zu gewährleisten, in der sich Bürgerinnen und Bürger einer demokratischen Gesellschaft begegnen können, um das ihnen Gemeinsame zu verhandeln. In dieser Öffentlichkeit gibt es – abgesehen von sehr formal-prozeduralen Diskursregeln – keine absoluten Wahrheiten. Diese immer wieder neu zu vereinbaren und weiterzuentwickeln ist der Kernmodus einer demokratischen Öffentlichkeit.

Es ist gefährlich für das demokratische Gespräch, wenn sich politische Positionierungen gegen diesen argumentativen Test geistig imprägnieren – sei es, weil sie eine Rückkehr zur Tradition propagieren, sei es, weil sie den wissenschaftlich-technologischen Fortschritt an ihrer Seite wähnen. In jedem Fall gilt es in einer pluralistischen Demokratie, die Lage des Landes und der Welt gemeinsam festzustellen, um dann ebenfalls möglichst gemeinsam Lösungsstrategien für die identifizierten Probleme zu entwickeln. Natürlich darf diese diskursive Klärung nicht den Blick auf die Herausforderungen verstellen, genauso wenig aber darf der politische Prozess ersetzt werden durch die szientistische Feststellung, dass sich ja alle einig seien und damit die Lösungsstrategien dem Diskurs entzogen werden können.

Politisches Handeln steht – wie jedes soziale Handeln – in der Moderne vor der Aufgabe, wissenschaftliche Erkenntnis als vernünftige Grundlage zu akzeptieren. Geschieht dies nicht, drohen postfaktische Strategien, wie sie der aktuelle US-Präsident virtuos zu neuer Meisterschaft bringt. Aber genauso klar muss sein, dass die von der Wissenschaft mitentwickelten Handlungsvorschläge auf ihre politische Akzeptanz und Durchsetzbarkeit und auf ihre Wechselwirkungen mit anderen gesellschaftlichen Zielstellungen hin bewertet und gegebenenfalls modifiziert werden müssen. Politik wäre sonst nur noch ein Umsetzungs- und Legitimierungsmodus szientistischer Erkenntnis – eine solche Annahme aber würde der Komplexität unserer modernen, ausdifferenzierten Gesellschaften nicht gerecht. Vielmehr gilt für ein aufgeklärtes gesellschaftliches Gespräch und das daran sich anschließende politische Handeln, dass sie nicht auf das abgeleitete Umsetzen meist kontroverser wissenschaftlicher Erkenntnis reduziert werden dürfen. Der Klimawandel ist zweifelsohne die Folge menschlichen Handelns – das ist einwandfrei wissenschaftlich erwiesen. Auf welchen Wegen dieser Irrtum aber aufgehalten und eventuell beseitigt werden kann, ist auch unter Experten bis heute hochumstritten und bedarf daher einer eigenständigen, legitimen Bewertung durch die Politik im Hinblick auf Akzeptanz und Wechselwirkungen zu anderen gesellschaftlichen Zielvorstellungen.

Ein Beispiel dafür, wie ein apodiktischer Glaube an vermeintliche wissenschaftliche Erkenntnisse in der Sackgasse enden kann, zeigt etwa die Diskussion um die negativen Auswirkungen der Feinstaubbelastungen in unseren Städten, die Anfang 2019 von einer Gruppe vermeintlicher Experten rund um einen Lungenfacharzt angezweifelt wurden. Es war die kritische mediale und politische Auseinandersetzung unter Beteiligung der Wissenschaft, die diesen Holzweg als ebensolchen entlarvte und die gesellschaftliche Debatte durch die Falsifikation der Annahmen der vermeintlichen Experten wieder versachlichte. Diese Fähigkeit müssen wir uns im gesellschaftlichen Gespräch bewahren und zugleich anreichern um die Neugier zu lernen und die Bereitschaft, bereits eingenommene Standpunkte im Lichte neuen Wissens zu verändern. Das geht nur, wenn wir alle im Gespräch bleiben und wenn wir die Anwälte unseres Gesprächs mit einem starken Mandat ausstatten.

DIE ZERSTÖRUNG DER MITTE

Die Veränderungen der Rahmenbedingungen des gesellschaftlichen Gesprächs haben fundamentale Auswirkungen auf die Art und Weise, wie der politische Verständigungsprozess in unserer Gesellschaft gestaltet ist. Sie setzen auch jenes eigentümliche und schwer zu fassende Konstrukt einer politischen Mitte unter Druck, auf das die großen Parteien klassischerweise Bezug genommen haben und das derzeit von den Rändern aus angegriffen wird. In der jüngsten Mitte-Studie der Friedrich-Ebert-Stiftung heißt es:

»Die Mitte hat Zentren und Peripherien, aber zu ihr gehören alle, die sich auf sie berufen und dabei als Demokrat_innen verstehen. Das ist ihre Bindekraft, die den gesellschaftlichen Zusammenhalt erzeugt. Die Mitgliedschaft zur Mitte bemisst sich nicht an ihrer Machtverteilung, nicht an bestimmten Personen oder Gruppen, sondern an den demokratischen und – bei aller Differenz – auf Ausgleich orientierten Einstellungen und Verhaltensweisen der Mitglieder. Das ist die Idee der Mitte, die aus der Demokratie geboren ist und nicht umgekehrt.«[12]

Folgt man dieser Annahme, dann ist die politische Mitte keine ausrechenbare soziale Größe, sondern eine diskursive Formation, die sich anhand klarer politischer Angebote herauskristallisiert. In diesem Fall kann man die Mitte auch politisch definieren und schaffen, so wie es der SPD zuletzt 1998 im Wahlkampf um die »Neue Mitte« unter Gerhard Schröder gelungen ist, der sich orientierte an der Maxime Bill Clintons, dass sich progressive Politik zu kümmern habe um »[those] who work hard and play by the rules«.[13] Es ist dann eine Aufgabe politisch strategischer Kommunikationsarbeit, entsprechende Identifikationsangebote glaubwürdig zu formulieren und in das gesellschaftliche Gespräch zu tragen.

Ein starkes zentristisches Narrativ, mit einer entweder nach Mitte-links oder Mitte-rechts tendierenden Akzentuierung, vermag große gesellschaftliche Integrationsleistungen zu erbringen. In dem Moment aber, in dem an den Rändern neue gesellschaftliche und politische Kraftzentren in offener Abgrenzung zu den vermittelnden Mehrheitspositionen der Mitte entstehen, geraten auch Akteure der politischen Mitte unter Druck, ihre Positionen stärker auf den jeweiligen Flügel hin auszurichten, um Zustimmung zu erlangen. Das Ergebnis ist eine wachsende gesellschaftliche Polarisierung mit allen negativen Folgen, die wir in der Vergangenheit bereits erlebt haben.

Diese wird dadurch verstärkt, dass das Profilierungsfeld der politischen Debatte zunehmend weniger das massenmedial organisierte Diskursforum ist, sondern die möglichst aufmerksamkeitsrelevante Darstellung der eigenen Position in direkter Kommunikation, mithin die Optimierung der eigenen Kommunikation auf die Funktionsweise der Algorithmen großer digitaler Mittler. Das hat zur Folge, dass möglichst pointierte und extravagante Positionen Reichweite erzielen, dass authentische und emotionale Botschaften Zustimmung erzeugen, und dass der Zwang zur Kontroverse zunimmt. Das Verständnis für einen politischen Prozess hingegen, der in mühevoller Kleinarbeit auf vernünftige Kompromisse und Handlungsvorschläge zielt, nimmt rapide ab.

Dieser Verlust an Bereitschaft, politische Komplexität auszuhalten, hat schon im massenmedialen Zeitalter begonnen, als die Komplexität des politischen Prozesses regelmäßig in Konflikt geriet mit den Darstellungsnotwendigkeiten medialer Vermittlungspolitik. Ausgefeilte politische Darstellungsinszenierungen, wie der berühmt gewordene Sprung des Umweltministers Klaus Töpfer in den Rhein, haben schon damals Handlungsmacht und Stärke auch in solchen Momenten suggeriert, an denen sie augenscheinlich nicht gewährleistet waren. Die Unlust, komplexe Interessenlagen auszuhalten, hat aber noch einmal dramatisch zugenommen. Deutlich wurde das zum Beispiel an der Schärfe der innerparteilichen Kritik in der SPD nach der verheerenden Wahlniederlage bei der Europawahl 2019. In den Debatten rund um die Zukunft der Parteiführung meldeten sich Mitglieder mit prononcierter Kritik in den Medien zu Wort. Hier nur ein Beispiel: »Wer es allen recht machen will, wird beliebig. Die SPD will idealerweise alles, ohne jemandem wehzutun und ohne jemanden zu überfordern: Fahrradstadt, aber ohne die Autofahrer zu verschrecken – Kohleausstieg, aber ohne Arbeitsplätze in der Kohlebranche zu gefährden – Klimaschutz, aber ohne die Automobilbranche zu Veränderungen zu zwingen. Die SPD produziert als Programmpartei viel Papier mit detaillierten Konzepten, schafft es aber nicht mehr, den Wählerinnen und Wählern zu vermitteln, warum man sie wählen sollte.«[14] Gewünscht wurden mehr »glasklare Positionen« und weniger »Sowohl-als-auch«.

Natürlich entbehrt es nicht einer gewissen Scheinplausibilität, von einer Partei zu verlangen, sie möge sich klar positionieren und damit ihre Erkennbarkeit und ihre Identifizierbarkeit erhöhen. Aber doch bitte nicht um den Preis einer Vereinfachung der politischen Botschaften, die der Komplexität der Zeit nicht mehr gerecht wird! Wie soll denn eine demokratische Politik aussehen, in der die verschiedenen politischen Lager möglichst kompromisslos ihre Haltungen zum Äußersten treiben? In Meinungsartikeln ist ein solcher Verbalradikalismus möglich. Auch bei Demonstrationen für eine Sache muss nicht abgewogen werden, um einen vernünftigen Kompromiss zu erzielen. Aber wenn es um konkrete Verkehrskonzepte geht, dann sind verschiedene Interessen im Spiel, zwischen denen von politischer Seite ein vernünftiger Ausgleich erzielt werden muss. Ähnliches gilt für die Abwägung zwischen Meinungsfreiheit und Kunstfreiheit bei einer Urheberrechtsnovelle, zwischen umweltpolitischen Steuerungsmaßnahmen und Arbeitsplatzinteressen oder zwischen wirtschaftlicher Dynamik und sozialem Schutz. Nur in den seltensten Fällen gelingt es, derartige Antagonismen in einer wahrhaft fortschrittlichen Synthese aufzulösen. In aller Regel aber geht es darum, zwischen den Interessen den vernünftigen und maßvollen Weg des Interessenausgleichs zu finden.

Den archimedischen Punkt, von dem aus alle Fragen der politischen und gesellschaftlichen Debatte bewegt und im Idealfall einer Lösung zugeführt werden könnten, gibt es schon längst nicht mehr. Wir müssen alle zusammen aushalten, dass es weder festgefügte Wahrheiten noch hegemoniale Gesellschaftsentwürfe gibt. Die gesellschaftsanalytische Literatur zur systemischen Ausdifferenzierung moderner Gesellschaften füllt ebenso ganze Bibliotheken wie die Betrachtungen zu unterschiedlichen Milieus, Lifestyles oder Habitus-Optionen. Es gehört zur wünschenswerten Offenheit unserer Gesellschaft dazu, dass Individualisierung, Tribalisierung und Spezialisierung dazu führen können, dass Differenz und Komplexität wachsen. Das daraus entstehende Gefühl der Überforderung beim Einzelnen basiert auf dem Eindruck, dass eine in ihren jeweiligen Einzelaspekten immer intelligenter und rationaler werdende Gesellschaft als Ganzes doch auf einen Zustand der sinnlosen, aber funktionalen Addition bornierter Einzellogiken hinausläuft und so der Sinn für das Ganze verloren geht.

Neben diese funktionale Ausdifferenzierung tritt in den letzten Jahren ein neuerlicher Strukturwandel moderner Gesellschaften, den der Soziologe Andreas Reckwitz mit der Chiffre »Singularität« zu fassen versucht: Nicht mehr nur einzelne soziale Funktionsbereiche der Gesellschaft entkoppeln sich voneinander, sondern es entstünde eine »Krise des Allgemeinen«, da soziale und kulturelle Ressourcen zunehmend im Besonderen und Einzigartigen verortet würden: »Die soziale Logik der Singularitäten erlangt eine strukturbildende Kraft in der Ökonomie, in den Technologien und der Arbeitswelt, in den Lebensstilen und den Alltagskulturen sowie in der Politik, während der in der klassischen Moderne dominanten sozialen Logik des Allgemeinen nurmehr die Rolle einer ermöglichenden Infrastruktur zukommt«, schreibt Reckwitz. Dabei handele es sich um eine »[...] hochdynamische soziale Fabrikation von Einzigartigkeiten auf der Ebene von Objekten, Subjekten, Ereignissen, Orten und Kollektiven.«[15] Ebenso wie die moderne Vorstellung des Allgemeinen sei auch das Besondere Ergebnis sozialer Herstellungs- und Bewertungsprozesse.

Wie sich die daraus erwachsende und allerorten festzustellende Komplexität sinnstiftend reduzieren lässt, ist daher eine der zentralen Fragen, vor denen wir aktuell stehen. Auch in der Politik, in der sich das Abarbeiten jeweils in sich logischer und kohärenter Einzelentscheidungen erkennbar nicht mehr zwangsläufig zu einem als sinnvoll oder gar sinnstiftend wahrgenommenen Gesamtangebot fügt. Während der Politik in der klassischen Moderne beinahe selbstverständlich die Aufgabe zugeschrieben wurde, über die funktionale Differenzierung hinweg die Angelegenheiten der allgemeinen res publica zu vertreten, steht sie heute zunehmend vor einer Situation, auf derartige sozialintegrative Ressourcen angesichts der Singularisierung sozialer und politischer Fragen gar nicht mehr zurückgreifen zu können.[16]

Ein Mechanismus zur Reduktion von Singularität und Komplexität in der politischen Debatte ist die Identifikation einer gesellschaftlichen Kernherausforderung beziehungsweise eines eindeutigen Hauptwiderspruchs in der Gesellschaft, zu dem sich alle anderen Fragen in eine Beziehung setzen müssen. In den klassischen Auseinandersetzungen der Industriegesellschaft war dies der Widerspruch zwischen Kapital und Arbeit. Im Zuge der Nivellierung des Wohlstandsgefälles in den Jahrzehnten der vermeintlich immerwährenden Prosperität der zweiten Hälfte des 20. Jahrhunderts formierte sich aus diesem einstmals fundamentalen Antagonismus ein zentristisches politisches Kräftefeld, in dem Parteien der rechten und linken Mitte mit ihren jeweiligen programmatischen Akzentuierungen im Hinblick auf diese Kernfrage um die politische Führung in der Bundesrepublik rangen. Die ganze Vielfalt unterschiedlichster politischer Fragen und Konflikte strukturierte sich entlang dieses Widerspruchs. Es blieb strukturell kleineren Milieu- oder Interessenparteien vorbehalten, je nach aktueller Themenkonjunktur programmatisch zugespitzte Ergänzungen und Akzentuierungen zu erzwingen.

Diese klare Strukturierung, die sich zwischen den beiden großen Volksparteien CDU/CSU und SPD auch im vom Verhältniswahlrecht geprägten System der Bundesrepublik erstaunlich lange gehalten hat, ist mittlerweile Geschichte. Beide Parteien machen dennoch nach wie vor das, was sie am besten können: Sie lösen konkrete politische Probleme mit konkreten politischen Vorschlägen auf der Basis ihrer jeweiligen Werteausrichtung. Aber diesen politischen Angeboten fehlt der Bezug zu einem strukturierenden gesellschaftlichen Grundkonflikt, der ihnen Tragweite und Relevanz auch im Grundsätzlichen zuspricht.

Vorschläge für strukturierende Konfliktlinien bieten stattdessen andere Parteien. Bei den letzten Wahlen sind vor allem zwei ganz besonders ins Auge gefallen, die neue Kernfragen auf den Tisch legen und versuchen, alle anderen Fragen entlang eines klaren gesellschaftlichen Konflikts zu strukturieren, um Identifikation und Kommunizierbarkeit der eigenen Programmatik zu ermöglichen. Die AfD reduziert alle politischen Fragen auf die Gewährleistung der kulturellen Homogenität Deutschlands und damit auf den Bruch zwischen den vermeintlich »normalen Deutschen« und all jenen, die in Herkunft, Religion, sexueller Orientierung oder politischer Liberalität von dieser willkürlichen Norm abweichen. Die Grünen – in ganz anderem Gestus – rücken ihr Kernthema, den Klimaschutz, ins Zentrum der politischen Debatte und sortieren alle anderen ökonomischen und gesellschaftlichen Fragen um die notwendige Bekämpfung des menschengemachten Klimawandels herum. Für eine Partei, die sich wegen der Vernachlässigung dieses einstigen Nebenwiderspruchs in den siebziger Jahren gegründet hat, liefert die aktuelle Prominenz des Themas in der öffentlichen Wahrnehmung einen demoskopischen

Aufschwung, der sich in Wahlergebnissen wie bei der Europawahl niederschlägt.

Unabhängig von allen inhaltlichen Auseinandersetzungen mit diesen beiden je für sich sehr unterschiedlichen programmatischen Positionen bleibt in formaler Hinsicht festzuhalten, dass beide Vorschläge zur Reduktion von gesellschaftlicher Komplexität entlang eines klaren Narrativs unterbreiten. Und dass sie dabei zugleich auch Angebote für eine Identifikation mit ihrem jeweiligen Anliegen liefern: Bei der AfD ist es die Verteidigung der vermeintlich deutschen Kultur gegen Ausländer, Homosexuelle und Diversität im Allgemeinen. Und bei den Grünen ist es das Angebot, Teil des Menschheitskampfes gegen die Zerstörung des Planeten zu sein. Diese Identifikationsangebote – durch eine Fokussierung auf eindeutige Kernfragen – scheinen politisch außerordentlich wirksam zu sein.

Neben diesen sortierenden inhaltlichen Fokussierungen auf einzelne Themen und Konflikte wäre die Orientierung der politischen Debatte auf einen klaren Wertekern, der Teil eines politischen Markenversprechens wäre, eine andere Strategie, um mit Komplexität umzugehen, ohne sie unzulässig zu verringern. Vor entsprechend grundsätzlichen normativen Debatten aber sind die meisten etablierten Parteien in den vergangenen Jahren zurückgeschreckt. Vielmehr ist die strategische Entschärfung jedes grundsätzlichen Konflikts zum neuen Standard der regierenden CDU geworden. Der Chef der Forschungsgruppe Wahlen bezeichnete diese Taktik mit Blick auf die Unions-Wahlkämpfe unter Angela Merkel als »asymmetrische Demobilisierung«.[17] Das bedeutet, dass durch gezielte Adaption politischer Positionen des Gegners versucht wird, jeden politischen Konflikt gleich im Keim zu ersticken und damit auch jede programmatische

Profilierung beinahe unmöglich zu machen. Der Erfolg dieser Strategie hat im letzten Bundestagswahlkampf sogar dazu geführt, dass der SPD-Spitzenkandidat Martin Schulz der Union einen »Anschlag auf die Demokratie«[18] vorwarf, weil diese Strategie die politische Debatte und den Wettstreit um die besseren Ideen für das Land austrockne und damit dem landläufigen Vorurteil, dass die da oben doch eh alle gleich seien und unter einer Decke steckten, Vorschub leiste. Dieser metakommunikative Angriff verfing allerdings ebenso wenig wie der Versuch, eine grundsätzliche und weitgehend emotional abstrakte Debatte über Gerechtigkeit im Land (und ihre Defizite) zu führen.

Dies hat sicherlich auch etwas damit zu tun, dass die entscheidende Ressource in der Auseinandersetzung um die erfolgreichste Strategie der Komplexitätsreduktion klar verteilt war: Vertrauen. Während die SPD immer noch mit dem auch stets von ihr selber leidenschaftlich lustvoll aufgeworfenen Erbe der Sozialreformen der Agenda 2010 haderte (und das im Jahr 2017 – also sieben Jahre nach dem programmatischen Horizont der Schröder'schen Gesetze), verfügte Angela Merkel, trotz aller Verärgerung über die Flüchtlingspolitik des Jahres 2015 in den eigenen Reihen, nach wie vor über einen im Vergleich erheblichen persönlichen Vertrauensvorschuss. Er war sicherlich nicht mehr so groß wie 2013, als sie den SPD-Kandidaten Peer Steinbrück im TV-Duell mit dem an die Zuschauer gerichteten Satz »Sie kennen mich!« deklassieren konnte, aber er reichte aus, um die Frage, wer das Land durch unübersichtliche und komplexe Zeiten führen soll, zu ihren Gunsten zu entscheiden.

Wer sich politisch anschickt, die Komplexität unserer gesellschaftlichen Verhältnisse in ein mehrheitsfähiges politisches Angebot zu verdichten, der braucht dazu die richtigen Themen, eine klar akzentuierte Werteperspektive und ein Spitzenpersonal, das Vertrauen aufbauen und abrufen kann. Diese drei Elemente sind die Kernvoraussetzungen dafür, dass eine Partei in die Lage kommt, vernünftige, gesellschaftlich auf das Gemeinwohl orientierte Kompromissvorschläge zu erarbeiten und in Regierungsverantwortung umzusetzen.

Die entscheidende Aufgabe aus demokratiepolitischer Sicht wird sein, dass es gelingt, die Verfahren unserer demokratischen Meinungs- und Willensbildung so normativ aufzuladen, dass sie aus sich heraus wieder das Vertrauen generieren können, das es braucht, damit unsere Demokratie – in all ihrer paradoxen Komplexität – wieder als ein Mechanismus begriffen wird, der uns hilft, die Unübersichtlichkeit unserer Welt souverän in den Griff zu bekommen. Das aber geht nicht mit kommunikationsstrategischen Maximalpositionen, sondern ausschließlich mit klugen Brücken- und Vermittlungsangeboten.

Die Verachtung, mit der heutzutage oftmals über politische Kompromisse gesprochen wird, ist daher ein weiteres demokratisches Krisensignal. Sie zeigt, dass der Grundmodus unseres politischen Systems nicht mehr in der Lage ist, ausreichende Legitimation für seine Entscheidungen zu erzeugen. Es fehlt augenscheinlich das Vertrauen in die Verfahren, die die notwendige Reduktion von Komplexität zu leisten hätten, um Orientierung und damit demokratische Handlungsfähigkeit sicherzustellen. Es hat jedoch zunehmend den Anschein, als läge dies weniger an der Qualität der erzielten Kompromisse, sondern vielmehr an dem unbedingten Wunsch nach einer nicht nur moralischen, sondern auch politischen Eindeutigkeit, die klare Identifikation ermöglichen soll. Nicht mehr der politische Prozess in seinem inhaltlich ernüchterten Versprechen, ein vernünftiges Ergebnis zu produzieren, sondern eine klare inhaltliche Positionsbestimmung soll die Integration in die Demokratie ermöglichen. Wenn die Verhältnisse komplex werden, dann soll, so der Anspruch der Wähler, eine Partei so klar und einfach Stellung beziehen, dass es möglich wird, sich schnell zu entscheiden, ob man nun dafür ist oder dagegen.

Natürlich wäre ein derartig klar konturiertes Markenversprechen der Traum eines jeden politischen Kommunikationsstrategen. Doch wir müssen erleben, dass die Sache so einfach nicht ist. Erst recht nicht für politische Parteien, die in zum Teil jahrzehnte- wenn nicht jahrhundertelangen Programmprozessen politische Programmatiken herausgebildet haben, die quer liegen zu den klassischen Konfliktlinien der politisch-ideologischen Strömungen. Besonders deutlich lässt sich das am Beispiel der SPD erklären: In den allermeisten europäischen Nationen findet sich ein gesellschaftlicher Grundkonflikt zwischen wirtschafts- und gesellschaftsliberalen Kräften auf der einen und sozialpolitischen und nationalistischen Kräften auf der anderen Seite. Entlang dieses politischen Konflikts strukturieren sich um Deutschland herum viele Parteiensysteme. In der Bundesrepublik allerdings hat die Sozialdemokratie von Beginn an eine gerechtigkeits- und solidaritätsbezogene Sozialpolitik verbunden mit einem gesellschaftspolitischen Freiheitsversprechen. Diese Kombination ist programmatisch selten geworden. Sie verbindet den emotionalen Kern der klassischen Arbeiterbewegung mit einem vernunftorientierten Liberalitätsimpuls progressiver Politikansätze – und sie ist damit in sich ein Kompromiss, der im besten Fall aus seiner gehörigen inneren Spannung heraus fortschrittliche politische Angebote *left of center* formulieren kann.

Aber gelingen kann das nur, wenn der Ausgleich zwischen diesen beiden widerstreitenden Positionen, denen klassischerweise auch unterschiedliche gesellschaftliche Milieus zuneigen, nicht als eine immanente Schwäche des politischen Aushandelns, mithin als ein negatives Beispiel überbordender politischer Kompromissbereitschaft gebrandmarkt, sondern vielmehr als strategische Option einer gesellschaftlichen Mehrheitsstrategie verstanden wird, wie sie Gerhard Schröder mit der Chiffre des Wahlkampfs von 1998 (»Innovation und Gerechtigkeit«) und dem Versprechen, eine »Neue Mitte« zu formen, vor etwas mehr als zwei Jahrzehnten noch sehr erfolgreich zu aktualisieren verstand. Im klaren Bewusstsein der breiten Milieudifferenzierung innerhalb der SPD-Anhängerschaft verband ein solches Politikversprechen auf der Werte- und Habitusebene zunächst recht erfolgreich eigentlich durchaus konflikthafte Konzepte. Erst im Lichte einer globalen Wirtschaftskrise Anfang des neuen Jahrtausends und der daraus erwachsenden Notwendigkeit weitreichender Sozialreformen verengte sich das parteipolitische Narrativ auf den Modernisierungsansatz, mit der Folge eines zunächst schleichenden und dann rapideren Verlustes an Zustimmung. Dieser beschleunigte sich von Wahl zu Wahl immer weiter, weil natürlich auch der kompensatorische Pendelschwung auf dezidierte Gerechtigkeitskampagnen für sich genommen als Mehrheitsstrategie kaum erfolgreich sein kann. Wenn die weit überwiegende Mehrzahl der Bundesbürger ihre persönliche wirtschaftliche Situation als gut oder sehr gut empfindet, dann zielen Kampagnen, die ihre Vorschläge allein aus einem Gefühl breiter gesellschaftlicher Ungerechtigkeit entwickeln, ins Leere – zumindest, wenn sie bei Wahlen Mehrheiten ansprechen wollen.

Der Glaube, durch politische Eindeutigkeit gesellschaftliche Mehrheiten zu erzeugen, übersieht, dass es dazu ein entgegenkommendes gesellschaftliches Meinungsklima braucht, das das Thema der eigenen Partei mit Relevanz auflädt und die konkrete Konfliktpositionierung der Partei mit einer Mehrheitsperspektive ausstattet. In aller Regel aber sind Mehrheiten über verschiedene Themen und Milieus hinweg nur möglich, wenn sie sich aus einer klaren Wertebasis und einem identifikationsoffenen Habitus heraus ergeben. Konkrete materielle Festlegungen in einzelnen Konfliktfragen hingegen haben historisch meist nur für den kurzen Moment der Eskalation Mehrheiten organisieren können. Es ist daher zum jetzigen Zeitpunkt noch keinesfalls ausgemacht, dass die scheinbaren neuen Mehrheiten jenseits der eher wertebasierten Volksparteien auch auf Dauer erhalten bleiben. Ihre Perspektive wird sich daran entscheiden, ob es den sie tragenden Parteien gelingen wird, jenseits des klar artikulierten Interesses und jenseits des spezifischen Kernwählermilieus überzeugende Politikangebote zu formulieren, um eine milieuübergreifende Mehrheitskonstellation zu erreichen. Das wird auf Dauer nur gelingen, wenn Lebensstilfragen nachhaltig zu politischen Wertefragen weiter entwickelt werden.

Die Alternative zu diesem Prozess wäre eine komplette Neustrukturierung des Parteiensystems, wie sie in anderen europäischen Ländern schon seit längerem zu beobachten ist: Sie würde allerdings mit sich bringen, dass überhaupt keine Partei mehr alleine danach strebt, Politikangebote für eine gesellschaftliche Mehrheit zu formulieren, sondern dass stattdessen zahlreiche klar positionierte Interessens- und Milieuparteien die Artikulation bestimmter gesellschaftlicher Gruppen übernehmen. Wir würden vor bunten Mehrparteien-Koalitionen mit in etwa gleich großen Partnern stehen. Das Parteiensystem würde auf den gesellschaftlichen Pluralismus nicht mehr in Form der internen Ausgleichs- und Moderationsprozesse generalistischer Volksparteien reagieren, sondern durch eine Vielzahl kleinerer Parteien, die die pluralistischen Positionen trennscharf wählbar machen. Die Kompromissbildung verlagert sich in der Folge in die Regierungsarbeit hinein.

Auf diese Weise wären zumindest in der parteipolitischen Profilierung klare Markenbildungen möglich, die allerdings unter dem Zwang, kompromissbereit in Regierungen einzutreten, schnell wieder verwischen könnten. Es erhöht jedenfalls die Komplexität politischer Entscheidungsprozesse, wenn die Partner in einer Regierung regelmäßig ihre klaren und radikalen Forderungen mit denen anderer Parteien zum Ausgleich bringen müssen, um am Ende wieder eine moderate Politik der Mitte zu organisieren. Es bleibt offen, ob auf diese Art und Weise wirklich politische Legitimation gewonnen und gehalten werden kann oder ob die »Klare-Kante-Positionierung« und die mit ihr einhergehende Verächtlichmachung des Kompromisses am Ende nicht das vernünftige politische Gestalten final unmöglich machen würde.

Mir erscheint es jedenfalls deutlich plausibler, die prozedurale Vernunft unserer Demokratie nicht allzu leichtfertig zu opfern, um stattdessen ein politisches Illusionstheater möglichst klarer Positionierungen auf die Bühne zu bringen, das durch die Aushandlungsprozesse auf der Hinterbühne schnell wieder in Gefahr geraten wird. Wie es aussehen kann, wenn Parteien nicht in der Lage sind, hier den demokratiepolitisch notwendigen Rollenwechsel zu vollziehen, hat FDP-Chef Christian Lindner im Herbst 2017 eindringlich öffentlich demonstriert, als er die Gespräche über die Bildung einer sogenannten Jamaika-Koalition von CDU/CSU, Grünen und FDP auf Bundesebene platzen ließ und sich mit den Worten »Es ist besser, nicht zu regieren, als falsch zu regieren« buchstäblich vom Acker machte.[19]

Weil das politische Spektrum der einzelnen Parteien zu Beginn der Verhandlungen recht disparat war, hat einer der potenziellen Partner die für eine Koalitionsbildung notwendigen Kompromisse offensichtlich als identitätsbedrohend wahrgenommen. In Zeiten zunehmender milieu- und interessenpolitischer Positionierung von Parteien dürften solche Momente eher die Regel denn die Ausnahme werden. Der Preis für die klare Erkennbarkeit einzelner Parteipositionen wäre dann im Gegenzug eine Abnahme politischer Stabilität in der Bundesrepublik und eine Zunahme der Konflikte innerhalb der jeweiligen Regierungen: Man kann sich leicht ausmalen, dass dies wiederum mit ziemlicher Wahrscheinlichkeit dazu führen würde, dass strategische Konfliktinszenierungen an die Stelle realer Konflikte treten würden, damit zugleich Regierbarkeit und Unterscheidbarkeit der Partner gewährleistet werden könnten. Erste Anzeichen dafür lassen sich schon innerhalb der aktuellen Großen Koalition beobachten, die die SPD nur unter der Maßgabe eingegangen ist, dass sie ihr programmatisches Parteiprofil nicht hinter dem Regierungshandeln zurücktreten lassen will. In der Folge bringen sozialdemokratische Ministerinnen und Minister regelmäßig Vorschläge in die Öffentlichkeit, die über das mit der Union Machbare hinausgehen und deren Ziel es ist, zu zeigen, was möglich wäre, wenn die SPD nicht in einer Großen Koalition regieren würde.

Ob eine solche dauerhafte politische Konstellation zwischen konfliktorientierten Interessenparteien den derzeit vielfach geäußerten Wünschen nach mehr Wahrhaftigkeit in der politischen Kommunikation und nach beinharter Orientierung auf konkrete Sachthemen tatsächlich entsprechen würde, muss für den Moment dahingestellt bleiben. Erst recht wäre kaum absehbar, wie es so gelingen könnte, gesellschaftliche und politische Mehrheiten zu erzeugen, die nicht nur Ergebnis der Addition des Möglichen, sondern auch der diskursiven Vereinbarung des Sinnvollen wären. Denn dies würde die Bereitschaft zur Verständigung und zum Kompromiss voraussetzen.

DIE ZERSTÖRUNG DER OFFENEN GESELLSCHAFT

Die jüngsten Veränderungen in der politischen Kultur und im Parteiengefüge der Bundesrepublik lassen sich nach Ansicht etlicher Beobachter am deutlichsten festmachen am Aufkommen und der Etablierung der Partei Alternative für Deutschland. Gegründet wurde sie 2013 angesichts der europäischen Währungs- und Staatsschuldenkrise als eine dezidiert Euro-kritische und rechtsliberale Partei. Im Zuge ihrer parteipolitischen und programmatischen Konsolidierung ließ sie die anfänglichen Spurenelemente konservativer, ordoliberaler Wirtschaftspolitik schnell hinter sich und entwickelte sich – im späteren Verlauf beschleunigt durch die Reaktion auf die Migrationsbewegungen des Jahres 2015 – zu einem Sammelbecken rechtspopulistischer und rechtsextremer Politikansätze. Mit ihrer Etablierung in den deutschen Parlamenten hat sich das althergebrachte Diktum vieler konservativer Unionspolitiker, dass es rechts von CDU / CSU keine demokratische Partei in den Parlamenten geben dürfe, fürs Erste erledigt. Mit der Etablierung der AfD hat auch die Union das Schicksal getroffen, das die SPD mit der Gründung der Grünen und der Linkspartei bereits zweimal durchleiden musste: der Umstand, dass Entscheidungen in der bundespolitischen Regierungsverantwortung zu einer Aufspaltung des eigenen Lagers führen können und neue Parteien entstehen. Seit der Bundestagswahl 2017 stellt die AfD im Deutschen Bundestag die größte Oppositionsfraktion und nimmt daher formal auch die Rolle der Oppositionsführerschaft ein.

Die gesellschaftliche und politische Gemengelage im Hintergrund dieser zunächst unerwarteten Renaissance forsch vorgetragener rechter Forderungen in der politischen Debatte ist komplexer, als es die allgemeinen Beobachtungen der publizistischen und politischen Debatte glauben machen wollen, denen zufolge zunächst die Griechenland-Rettung und dann das Diktum der Bundeskanzlerin »Wir schaffen das« die Ausgangspunkte für den Aufstieg der AfD gewesen seien. Beide Aspekte spielten als Katalysatoren sicherlich eine nicht unerhebliche Rolle, aber es wäre ein Fehler, nicht auch genauer auf die größeren Verschiebungen der gesellschaftlichen Tektonik in unserem Land zu schauen, um den Aufstieg dieses überwunden geglaubten Gedankenguts besser verstehen zu können. Schließlich erleben wir zeitgleich auch den Aufstieg vieler Schwesterparteien der AfD wie zum Beispiel der FPÖ in Österreich, der Lega von Matteo Salvini in Italien oder des Rassemblement National von Marine Le Pen in Frankreich. Auch politische Phänomene wie der Wahlsieg von Donald Trump in den USA oder das Brexit-Votum in Großbritannien weisen auf Veränderungen hin, die tiefgreifender sind, als es bloße Reaktionen auf tagesaktuelle Krisenphänomene sein könnten.

Populismus, und vor allem der Begriff Rechtspopulismus, ist im politischen Diskurs zu einem klaren Distinktionsmerkmal geworden. Insbesondere die anderen politischen Kräfte verwenden den Begriff, um eine bestimmte politische Haltung und ihre diskursiven Mechanismen zu stigmatisieren. Aber der Populismus lässt sich durchaus auch sozialwissenschaftlich fassen, wie der Soziologe Armin Nassehi vorschlägt: »Unter Populismus wären dann solche politischen Kommunikationsformen zu verstehen, die erstens im Namen des wirklichen Volkes zu sprechen vorgeben und dabei klare Aussagen darüber machen, wer dazugehört und wer nicht, die zweitens eliten- und institutionenkritisch sind und die Geltung autoritativer Sprecher wie Wissenschaftler, Medien, Kirchenleute usw. nicht anerkennen und die drittens einfache Lösungen für komplexe Probleme und Fragestellungen bereithalten.«[20] Es ist daher plausibel anzunehmen, dass gerade die gewachsene Komplexität und Diversität unserer Gesellschaft einer der Hauptgründe für das Erstarken des Populismus ist.

Warum die Reaktion auf die wachsende Komplexität der Welt in Deutschland und anderen nordeuropäischen Staaten gerade im Rechtspopulismus liegt, während in Südeuropa oftmals starke linkspopulistische Parteien vorherrschend sind, erklärt der Politikwissenschaftler Philipp Manow, indem er populistische Strömungen als Reaktionen auf die Globalisierung deutet.[21] Er beschreibt, dass gerade in Deutschland und Nordeuropa viele Bürgerinnen und Bürger das Vertrauen in die kompensatorische Wirkung eines starken Sozialstaats gegenüber den entfesselten Kräften des Freihandels verlieren. Ein Grund dafür seien die vielen neuen Geflüchteten und Migrantinnen in den letzten Jahren, die unmittelbar von den Leistungen unseres inklusiven Sozialstaats profitiert hätten. Dies hätte offensichtlich nicht nur ein verbreitetes Gerechtigkeitsgefühl tangiert, sondern es sei auch die Ungewissheit gewachsen, ob die Sicherheit des Lebensstandards der Alteingesessenen angesichts der neuen Anspruchsberechtigten in einem kommenden Krisenfall noch zu gewährleisten wäre. Spannenderweise sei für den Zuspruch zu rechtspopulistischen Parteien daher auch nicht ein aktueller Verlust an Status entscheidend, sondern vielmehr die bereits erlittene Erfahrung desselben. Nicht wer aktuell arbeitslos war, habe bei der Bundestagswahl 2017 überproportional die AfD gewählt, sondern wer um das Jahr 2000 herum arbeitslos gewesen war, so Manow: »Die Auswertung der Wahldaten legt nahe, dass die Abwanderung zur migrationskritischen AfD insbesondere bei Personen ausgeprägt war, die entweder in der Vergangenheit selbst Erfahrungen mit Arbeitslosigkeit gemacht oder diese in ihrer unmittelbaren Umgebung erlebt hatten und sich daher eines ständigen Arbeitslosigkeitsrisikos – und des nun damit verbundenen schnellen sozialen Abstiegs – bewusst waren.«[22] Für Manow Grund genug, die oft zu lesenden Thesen von den vermeintlich Abgehängten oder den Modernisierungsverlierern als AfD-Kernmilieu zu relativieren. Es gehe vielmehr um die Erwartung eines künftigen Zustands und die Aktualisierung der Erinnerung an jene vergangene Demütigung.

In der Tat korrespondiert der Aufstieg rechter und rechtspopulistischer Kräfte in vielen offenen Gesellschaften westlicher Prägung mit dem unterschwelligen Gefühl, dass Zusammenhang und Zusammenhalt angesichts großer Veränderungen durch Globalisierung und Migration, Demographie und Digitalisierung, verloren zu gehen drohen. Es erscheint vielen Bürgerinnen und Bürgern zunehmend schwieriger zu werden, aus den zweifellos steigenden individuellen Freiheiten heraus eine Gemeinschaft zu formen, als deren Mitglied sie Orientierung und Perspektive erwarten dürfen, was natürlich die Freiheitskorridore wieder einschränken, aber eben auch das Leben mit den Kontingenzen der Moderne etwas leichter zu bewältigen erscheinen ließe.

In dem Maße, in dem diese traditionellen Leitplanken des gesellschaftlichen Miteinanders an Kraft und Stabilität verlieren, steigt bei einigen offensichtlich auch das Bedürfnis, eine Ordnung um jeden Preis – notfalls auch um den der Offenheit und Freiheit – sicherstellen zu wollen.

In diesem Begründungszusammenhang zeigt sich deutlich, dass der aktuelle Rechtspopulismus seine Wurzeln neben den Statusängsten auch in einem zutiefst antimodernen Ressentiment hat, das sich gegen die kulturelle und soziale Öffnung moderner Gesellschaften richtet. Die Folge ist eine zunehmende Kulturalisierung sozialer und ökonomischer Konflikte. In ihren identitätspolitischen Mechanismen gleichen die neuen Rechten daher weitgehend anderen fundamentalistischen Strömungen – und paradoxerweise auch jenen des fundamentalistischen Islam, die sie oftmals als einen zentralen Gegner der von ihnen vermeintlich zu verteidigenden abendländischen Kulturtradition sehen. Beide stehen für eine kulturalistisch geschlossene und sich radikalisierende Position innerhalb einer jeweils weit vielfältigeren Kulturtradition, für deren rechtmäßige Artikulation sie Alleinvertretungsansprüche erheben. Benjamin R. Barber, der Vordenker des Kommunitarismus, einer politischen Theorie, die die soziale und politische Bedeutung gewachsener Gruppenstrukturen betont, hat die dahinterliegenden kulturinternen Konflikte bereits in den neunziger Jahren in seinem Buch *Coca Cola und Heiliger Krieg* (Originaltitel: *Jihad vs. McWorld*) eindringlich beschrieben: Das Erstarken fundamentalistischer Strömungen auf der Welt interpretiert er als Reaktion auf eine sich globalisierende Konsumkultur, auf die innerhalb der unterschiedlichen Kulturzusammenhänge entweder modern, traditionell oder aber fundamentalistisch reagiert wird.[23] Letzteres bedeutet in der Folge, dass ein Kulturkampf angestrebt wird, in dem die eigene Tradition gegen fremde Einflüsse verteidigt werden soll, um vermeintlich kohärente und gelernte Identifikationsangebote zu sichern. Vor dem Hintergrund sozialer Auseinandersetzungen und Ungleichheiten kann so ein gefährliches politisches Gebräu entstehen, das schwerste innere Verwerfungen in Gesellschaften nach sich ziehen kann.

Während die kulturellen Dschihadisten bislang vor allem in Entwicklungs- und Schwellenländern auf das politische Parkett traten, finden sich solche Argumentationsmuster mit dem Erstarken des Rechtspopulismus auch in westlich geprägten Industriegesellschaften, in denen Ängste vor kultureller Überfremdung mit der Sorge vor einem auch materiellen Abstieg im Zuge wirtschaftlicher Umbrüche zusammentreffen. Auf diesem Humus gedeihen Geschichten von der eigenen Überlegenheit und dem Recht auf Priorisierung des eigenen Standpunkts in einer pluralistischen Gesellschaft nur allzu gut. Deshalb spricht die Darmstädter Soziologin Cornelia Koppetsch auch davon, »[…] dass die Wähler der populistischen Rechtsparteien nicht nur in emotionalen Abwehrreflexen gefangen sind, sondern darüber hinaus auch nachvollziehbare Gründe für die Zurückweisung liberaler Gesellschaftsbilder, emanzipatorischer Politikmodelle und linksliberaler Eliten haben. Sie haben ein Interesse an der Begrenzung von Zuwanderung, an der Zurückdrängung kosmopolitischer Lebensformen oder an der Wiederherstellung nationalstaatlicher Souveränität, weil sie einer Gesellschaftsordnung entgegenstehen, in der ihnen kulturell oder politisch der Boden unter den Füßen weggezogen wird.«[24]

Dass diese Gründe für eine antiliberale und antimoderne Positionierung soziologisch als »nachvollziehbar« bezeichnet werden, darf aber nicht bedeuten, dass sie auch politisch akzeptabel wären. Koppetsch verweist in ihrer Analyse auf die sozialen Grundmuster, die zur Ausprägung solcher Meinungen führen und öffnet damit auch den Blick auf die strategische Bearbeitung jener Fragen, die Ursachen der Verunsicherung in einer unübersichtlichen, multioptionalen Gesellschaft sein können. Diese Motivationsquellen dürfen in der Analyse der aktuellen rechtspopulistischen Bedrohung unserer offenen und freiheitlichen Demokratie nicht einfach moralisch ignoriert werden, weil sie Möglichkeiten zeigen, wie durch klare Problemansprache auch eine Reintegration der Wählerinnen und Wähler rechter Parteien in den demokratischen Konsens begonnen werden kann. Solange allerdings die etablierten Parteien diese Fragen nicht ausreichend adressieren und folglich auch keine Lösungsvorschläge präsentieren – und damit auch erst recht keine, die eine identitätsfördernde Kontroverse begründeten –, scheint es für manche Wählerinnen und Wähler der einzig attraktive Weg zu sein, den Narrativen der neuen Rechten zu folgen und so »einer radikal anderen, antiliberalen Gesellschaftsordnung«[25] den Weg zu bereiten.

Die Schwächung gesellschaftsintegrierender Institutionen und Mechanismen stärkt aktuell jedenfalls das sich in einigen Milieus zunehmend verbreitende Gefühl, im eigenen Land oder in der eigenen Stadt nicht mehr zu Hause zu sein. Mit Blick auf die Unterstützer der »Leave«-Kampagne beim Referendum über die Zukunft der britischen EU-Mitgliedschaft ist mittlerweile ziemlich gut untersucht, dass ein ausschlaggebender Faktor für die Absage an die weitere europäische Einigung ein verbreitetes Gefühl der Ohnmacht im Hinblick auf die Gestaltungsmöglichkeiten des eigenen Lebens gewesen ist. Das Versprechen der Brexit-Befürworter »Let's take back control« war auch deshalb so machtvoll, weil es in manchen Gegenden des Vereinigten Königreichs auf breite Bevölkerungsschichten traf, die schon länger das Gefühl hatten, dass sie keine Kontrolle über die Gestaltung ihres Lebens und ihrer Gesellschaft mehr besaßen. Der britische Autor David Goodhart unterscheidet daher zwischen zwei großen Gruppen, die jeweils Träger sehr unterschiedlicher politischer Vorstellungen und gesellschaftlicher Ideale seien: Die sogenannten »Anywheres« leben überwiegend in den großen Städten, sind gut gebildet und ebenso situiert und betrachten die Diversität und Offenheit moderner Gesellschaften als eine ausdrückliche Bereicherung. Sie bestimmen heutzutage das gesellschaftliche und politische Elitenklima, obwohl sie gerade einmal ein Viertel der Bevölkerung umfassen. Die Mehrheit der »Somewheres« hingegen ist bildungsferner und sozial weniger gut gestellt. Sie empfinden die aktuellen Umbrüche in der Gesellschaft nicht als chancenträchtige Bereicherungen, sondern als Gefährdungen ihres etablierten Lebensstils und seiner Grundlagen. Gerade bei dieser Gruppe, deren Mitglieder sich mehrheitlich außerhalb der wirtschaftlichen und kulturellen Metropolen des Landes finden und die über die Hälfte der Bevölkerung ausmachen, habe sich daher die Absage an Europa und das Versprechen, im eigenen Land die eigene Politik zu gestalten, als besonders wirkmächtig herausgestellt.[26] Auch für andere westliche Industrienationen sind derartige Entwicklungen eindringlich beschrieben worden: für Frankreich zum Beispiel in Didier Eribons luzider autobiographischer Reflexion *Rückkehr nach Reims*[27] und für die USA in den bedrückenden Schilderungen der *Hillbilly-Elegie* von J. D. Vance.[28]

Populismus fällt immer dort auf fruchtbaren Boden, wo bisherige Privilegien verloren zu gehen drohen oder aber die gesellschaftliche Unübersichtlichkeit ein Maß anzunehmen droht, dass das eigene Gestaltungsprimat zumindest bedroht erscheinen lässt. Rechtspopulismus ist daher eine kulturell begründete Fundamentalisierungsstrategie und durchaus vergleichbar mit anderen Strömungen der Modernisierungsangst und -kritik. Angesichts einer wachsenden Unübersichtlichkeit und einer gesellschaftlichen Situation, in der es nicht mehr plausibel erscheint, als verantwortlicher Autor des eigenen Lebens wirken zu können, gewinnen politische Narrative an Kraft, die die Geborgenheit und Aufnahme in einer klar definierten und bekannten Gemeinschaft versprechen. Das alte Narrativ des Kampfes »Wir gegen sie«, das sich ursprünglich auf die Solidarität der Arbeiterklasse gegen die Fabrikbesitzer und Bourgeoisie bezog, wird so kulturalistisch reaktiviert als Zusammenhaltsgeschichte der bereits vor Ort etablierten gegen alle, die neu hinzukommen oder aber an den Normen des gesellschaftlich Akzeptablen rütteln wollen. Es wird ergänzt um den populistischen Impuls, sich demonstrativ von unten blickend gegen »die da oben«, gegen die Eliten in Politik, Kultur und Medien, mithin gegen die »Anywheres«, aggressiv abzugrenzen. Auch diese Markierung hilft, die eigenen Reihen zu schließen und Identifikation zu stärken, mithin solidarische Teilhabeangebote für eine gemeinsame, nationalistische Sache zu machen.

Die rechtspopulistischen Antworten auch der AfD richten sich gegen die Versprechen der offenen Gesellschaft, in der jede normative Übereinkunft nur das Ergebnis einer gegenwärtigen Vereinbarung sein kann und sich nicht einfach ungebrochen aus einer tradierten Werteordnung ableiten lässt. Der Rechtspopulismus erweist sich hier als zutiefst antimoderne politische Strömung, weil er gegen genau diese Errungenschaften moderner offener Gesellschaften agitiert und stattdessen verspricht, die klassische Geborgenheit der tradierten Gemeinschaft wiederherzustellen, die einige offensichtlich mit einem Gefühl romantischer Vergangenheitswehmut als verloren betrachten. Die Rechten versprechen, die Vielfalt zu reduzieren und eine neuerliche Homogenität der Gesellschaft sicherzustellen. Sie formulieren damit eine Perspektive auf einen neu zu etablierenden gesellschaftlichen Zusammenhalt, der sich aus der Rückkehr in eine Zeit ohne die aktuelle Vielfalt und ohne die Teilhabeversprechen in Richtung bislang marginalisierter Gruppen ergibt.

Rechtspopulistische Politikangebote streben daher keine weitere periphere Perspektive auf die aktuelle Situation an, sondern reklamieren sehr deutlich einen in seinen Konsequenzen drastischen Mehrheitsanspruch. Sie richten sich an all jene Bürgerinnen und Bürger, die sich als Teil der sozialen und kulturellen Mehrheitsgesellschaft des Landes empfinden, und werten zugleich die Anerkennungs- und Teilhabeerwartungen von Menschen mit anderer kultureller, ethnischer oder sexueller Identität pauschal als weniger bedeutend ab. Rechtspopulistische Parteien richten sich damit explizit an all jene, die sich durch die Ausweitung demokratischer, sozialer und kultureller Rechte auf immer weitere Gruppen innerhalb der Gesellschaft zunehmend in ihren eigenen Ansprüchen auf einen kulturellen Hegemonialanspruch und auf exklusive Teilhabe am Haben und am Sagen innerhalb der Gemeinschaft bedroht fühlen. Die zweifellos großen Errungenschaften unserer offenen Gesellschaft, die Respekt und Anerkennung zu einem Prinzip des gesellschaftlichen Zusammenlebens in Vielfalt gemacht haben, bedeuten somit für einige etablierte, aber ökonomisch, sozial und kulturell nach wie vor nur prekär abgesicherte Milieus eine zumindest subjektiv empfundene Bedrohung des eigenen Sozialprestiges. Wenn die Abgrenzung gegenüber den bislang gesellschaftlich und rechtlich nicht gleichgestellten Milieus durch deren sukzessive soziale Aufwertung und rechtlich abgesicherte Gleichberechtigung wegfällt, steigt das Empfinden einer Bedrohung der eigenen gesellschaftlichen Position.

Mehr oder minder explizit richten sich rechtspopulistische Politikentwürfe an all jene, die der Meinung sind, dass wir es gesellschaftlich mit der kulturellen Diversität und mit der Freiheit, das eigene Leben nach eigenem Gusto selbst gestalten zu können, etwas zu weit getrieben hätten. Wenn man den plausiblen Befund einer *Gesellschaft der Singularitäten* von Andreas Reckwitz zugrunde legt, demzufolge heute die eigene Einzigartigkeit das kulturelle und soziale Kapital begründet, das benötigt, wer seine Teilhaberechte auch wirkmächtig einsetzen will, dann haben Rechtspopulisten vor allem all jene im Blick, die befürchten müssen, diese extravagante Außerordentlichkeit nicht selbst zu besitzen und folglich gesellschaftlich nicht gehört zu werden. Sie bieten in einer Gesellschaft, die auf die Anerkennung des Individuums gepolt ist, einen Zugang zu einer unbedingten Gruppensolidarität, die auch als Schutz gegen die Zumutungen des Wandels verstanden werden kann, und tun so, als sei der versperrte Weg zurück in die vermeintlich wohlgeordneten Verhältnisse der klassisch modernen Massengesellschaft doch noch möglich.[29] Dahinter steht fast immer die unausgesprochene Diagnose, dass es deshalb Zeit werde für eine normative Integration mit klaren Grenzen und klaren Markierungen, wer dazugehören könne und wer explizit außen vor bleiben müsse.

Rechtspopulistische Parteien wie die AfD definieren damit deutlich, wen sie ansprechen und wen nicht. Diese Definition ist einerseits in ihrer nationalistischen und kulturalistischen Fundierung sehr klar und bewusst ausgrenzend, zugleich aber ist sie nicht milieuspezifisch, sondern richtet sich in ihrer Nationen- und Kulturfixierung potenziell an alle, die sich auf eine tradierte Bindung an diese Integrationszentren berufen können. Die Identifikation soll in erster Linie negativ, also in Abgrenzung zu den als krisenhaft empfundenen Entwicklungen der aktuellen Gesellschaft verlaufen. Dieser Ansatz soll es ermöglichen, milieuübergreifend attraktiv zu sein, wie ein Blick auf die ersten Zeilen des 2016 beschlossenen Grundsatzprogramms der AfD deutlich zeigt. Dort heißt es: »Wir sind Liberale und Konservative. Wir sind freie Bürger unseres Landes. Wir sind überzeugte Demokraten. Zusammengefunden haben wir uns als Bürger mit unterschiedlicher Geschichte und Erfahrung, mit unterschiedlicher Ausbildung, mit unterschiedlichem politischen Werdegang. Das geschah in dem Bewusstsein, dass es an der Zeit war, ungeachtet aller Unterschiede, gemeinsam zu handeln und verantwortungsbewusst zu tun, wozu wir uns verpflichtet fühlen. Wir kamen zusammen in der festen Überzeugung, dass die Bürger ein Recht auf eine echte politische Alternative haben, eine Alternative zu dem, was die politische Klasse glaubt, uns als ›alternativlos‹ zumuten zu können.«

Sehr bewusst wird in dieser parteipolitischen Bekenntnisprosa Bezug genommen darauf, dass es die negative Abgrenzung zur bestehenden, vermeintlich »alternativlosen« Politik sei, die eine Identifikation mit der Partei AfD ermögliche. Das schafft die Möglichkeit, gleichzeitig klar abgrenzend und innerhalb der so konturierten Gruppe integrativ zu wirken. Diese Strategie operationalisiert die Erkenntnis, dass sich Identitäten besonders leicht in Differenz zu anderen Positionierungen bilden und stärken lassen.[30]

Im Mittelpunkt des rechtspopulistischen Politikversprechens steht die Annahme, dass es nach einer Wiederherstellung eines kulturell homogeneren Staatsvolkes wieder möglich sei, politische Handlungsmacht in der Gestaltung des eigenen Lebens zu erlangen. Ausschlaggebend für diese Positionierung ist die Vorstellung eines vermeintlich rationalen Ethnopluralismus, der sich gegen die Vermischung verschiedener Ethnien, aber für die friedliche Koexistenz ethnischer Kulturen in klar voneinander abgegrenzten Gesellschaften ausspricht. Dieses semantisch auf Liberalität gepolte Gesellschaftsmodell entpuppt sich beim näheren Hinschauen als knallharte Ausgrenzungsstrategie, mit dem Ziel, eine ethnisch homogene Gesellschaft herzustellen, um dann auch kulturelle Diversitätsfragen angehen zu können.

Rechtspopulistische Kräfte verfolgen daher wenig überraschend einen klar konturierten Kulturbegriff. Für sie ist die Kultur einer Gesellschaft nicht durch die jeweils in ihr lebenden Bürgerinnen und Bürger bestimmbar, sondern sie leitet sich ihrer Ansicht nach aus historischen, ethnischen und kulturellen Setzungen ab, die nicht verrückbar sind. Die AfD folgt insofern einem auch materiell klar definierten Gesellschaftsbild und wendet sich mit vehementer Schärfe gegen jede Konzeption von Gesellschaftlichkeit, die die Vielfalt der Kulturen und Lebensentwürfe als Bereicherung empfindet.

Es verwundert angesichts dieser sehr grundsätzlichen Positionierung nicht, dass die AfD sich in ihrer Kulturpolitik gegen eine engagierte und politisch sensible Kunst richtet, die Vielfaltsoptionen auslotet. Wenn eine kulturelle Formation als gegeben unterstellt wird, dann ist jede Abweichung von dieser normativen Positionierung kritikwürdig. Hier unterscheidet sich die AfD nicht von anderen populistischen und fundamentalistischen Strömungen auf der Welt. Ausschlaggebend ist letztlich immer eine absolut gesetzte normative Vorstellung kultureller Sinnhaftigkeit, die ein Identifikationsangebot angesichts unüberschaubarer Vielfalt liefern soll. Sie soll von einer Situation entlasten, in der die »Multioptionsgesellschaft«[31] nicht mehr als freiheitliches Angebot, sondern als Anstrengung und als Bedrohung empfunden wird. Deshalb offeriert die AfD mehrheitlich auch kein politisches Angebot, das die Erarbeitung gemeinsamer politischer Positionierungen in den Mittelpunkt rückt (wie es ja angesichts der Teilhabeerwartungen mancher Bürgerinnen und Bürger durchaus auch eine plausible Strategie sein könnte), sondern sie definiert einen politischen und gesellschaftlichen Normzustand, der durch politische Entscheidungen herzustellen sei. Damit diskreditiert sie zwangsläufig auch jede Idee einer Verständigung über gemeinschaftlich als sinnvoll und vernünftig erachtete Absichten und Vorhaben. Vielmehr setzt sie politische Homogenitätsziele mit Blick auf die Zusammensetzung des Staatsvolkes absolut und misst daran die Demokratiefähigkeit einer Gesellschaft. Sie diskreditiert damit zugleich auch jegliche Idee einer Gesellschaft, in der die Bestimmung gesellschaftlicher Gemeinsamkeit das Ergebnis eines gesellschaftlichen Verständigungsprozesses ist – und nicht dessen Voraussetzung. Im gleichen Atemzug macht sie damit all jenen ein Versprechen, gehört und gestärkt zu werden, die sich in den aktuellen Identitäts- und Anerkennungskämpfen als Mitglieder einer neuen schweigenden Mehrheit betrachten und sich mit ihren Themen und Anliegen in Politik und Öffentlichkeit kaum repräsentiert fühlen.

Diese Strategie verlängern rechtspopulistische Parteien in den internationalen Raum hinein, indem sie die Bedrohungsszenarien der Globalisierung als Kontrastfolie zur Aufwertung nationaler Politik nutzen. Sie propagieren eine klare Absage an multilaterale und internationale Zusammenarbeit und fordern vielmehr die Stärkung des Nationalstaates als der Institutionalisierungsform politischer Macht, in der die souveräne Gestaltung der eigenen Angelegenheiten möglich sei. Eine Stärkung nationalstaatlicher Entscheidungsmacht durch eine Schwächung multilateraler Vereinbarungen soll in der Außenperspektive die innere Homogenisierung der Gesellschaft ergänzen, um dann mit einem starken Mandat ausgestattet die vermeintlichen Verwerfungen innerhalb einer offenen Gesellschaft politisch bearbeiten zu können, ohne sich mit europäischen Nachbarn oder globalen Partnern abstimmen zu müssen.

Dieses Narrativ, das der britischen »Leave«-Position »Let's take back control« weitgehend entspricht, findet seinen Resonanzboden bei all jenen, die misstrauisch werden, wenn Politik wieder einmal von der Komplexität der Verhältnisse spricht oder auf die Notwendigkeit verweist, in Brüssel, Genf oder New York Übereinkünfte mit Partnern erzielen zu müssen. Ein starkes nationalstaatliches Mandat soll vielmehr die Handlungsfähigkeit der demokratischen Mehrheitsentscheidungen im Land ermöglichen – auch wenn dies einen internationalen Konflikt bedeuten würde.

Hierin liegt eine entscheidende demokratiepolitisch aufgeladene Volte rechtspopulistischer Positionierungen, die heute – anders als in früheren Erscheinungsformen – die These des postdemokratischen Funktionierens der politischen Institutionen zum Anlass nehmen, eine Radikalisierung auch der demokratischen Kontrolle zu propagieren, indem sie sich zu Anwälten vermeintlich traditioneller Mehrheiten in der Gesellschaft stilisieren und fordern, dass deren Überzeugungen weder intern durch rechtsstaatliche Gleichstellungspolitik noch extern durch komplexe internationale Verflechtungen geschwächt werden dürften. Sie fordern vielmehr eine vulgärdemokratische Stärkung des unmittelbaren Mehrheitsprinzips der Volkssouveränität, ohne dabei auf Minderheitenrechte oder fairen Ausgleich zu achten. Damit adressieren sie das verbreitete Vorurteil, dass sich der demokratische Prozess in seiner formalen Ausgestaltung zu weit von den Bedürfnissen der Mehrheit der Bürgerinnen und Bürger entfernt habe. Auch wenn die AfD zivilgesellschaftliche Teilhabe durch Plebiszite und Referenden fordert, steht dahinter ebenso wie bei den Vorschlägen zur Reform repräsentativer Politikprozesse das Ziel einer Rückführung dieser Instrumente auf die Interessenartikulation einer normativ identifizierten, nationalen Mehrheit.

Das Gefährliche dieser politischen Positionierungen ist, dass sie – ebenso wie die bereits erörterten sozialen Begründungen – durchaus auf gesellschaftliche Problemdimensionen verweisen, die sich auch jenseits der rechten Schließungsphantasien unserer offenen Gesellschaft beobachten lassen. Demokratische Prozesse und Institutionen scheinen in ihrem formalistischen Routinehandeln tatsächlich bisweilen so leerzulaufen, dass sie keine Legitimation mehr erzeugen. Kulturalistisch begründete Partikularinteressen dominieren phasenweise den politischen Diskurs und verstellen den Blick auf die integrative Kraft gesellschaftlicher Übereinkünfte, die Einheit in Vielfalt ermöglichen. In der Folge drohen politisch-kulturelle Voraussetzungen des Gelingens demokratischer Verständigungsprozesse geschwächt zu werden. Nationalstaatliche Gestaltungsmacht wird regelmäßig kleingeredet, um die Ohnmacht gegenüber globalen Wirtschafts- und Sozialentwicklungen zu kaschieren. Dadurch gerät auch das Primat demokratischer Politik in ein Legitimationsdefizit, wenn es gegenüber den meist exekutiv organisierten Verhandlungssystemen internationaler Politik und ihren zahlreichen Sach- und Einigungszwängen zurückstecken muss.

Viele dieser und vergleichbarer demokratiepolitischer Herausforderungen werden regelmäßig in der politik- und sozialwissenschaftlichen Literatur besprochen und unabhängig von ideologischen Standpunkten als Krisensignale für die demokratische Zukunftsfähigkeit offener Gesellschaften beschrieben. Es bleibt aber bis heute mehrheitlich rechtspopulistischen Kräften vorbehalten, diese Problemzusammenhänge auch im politischen Diskurs anzusprechen und vermeintliche »Lösungsvorschläge« zu suggerieren. Aufgrund der Alltagsplausibilität mancher Problembeschreibung entsteht politische Unterstützung auch für Antworten, die oftmals dem demokratischen »Comment« der letzten Jahrzehnte widersprechen und die sich frontal gegen die offene und freiheitliche Gesellschaft stellen. Viele der Krisenbeschreibungen richten sich im Übrigen explizit an das Politikmodell der klassischen, milieu- und interessenübergreifenden Volksparteien, deren oft experten- und wissensgestützter Politikformulierungsprozess blutleer und leidenschaftslos daherkommt, deren interne Aushandlungsprozesse nicht nur das Bild der Zerstrittenheit und der Konturlosigkeit erzeugen, sondern darüber hinaus auch zu Kompromisspositionierungen jenseits klarer Profilbildung führen, und deren politisches Personal in seinem demonstrativen Verantwortungsgefühl für das vernünftige und ordentliche Regieren des Landes oftmals wenig empathisch auf individuell empfundene Sorgen und Nöten einzelner Bürgerinnen und Bürger, Milieus oder Gruppen reagiert.

Als Interessenpartei der vermeintlichen Mehrheit all jener, die nicht über die Exklusivität eines singulären Merkmals verfügen, formuliert die AfD ein gefährlich falsches Politikangebot, das ganz offensichtlich auf den fruchtbaren Boden gemeinsam empfundener Probleme fällt.

Es braucht in Zukunft erhebliche Sensibilität für die Herausforderungen unserer Demokratie, um die gefährlichen Verführungen dieses Politikversprechens nicht nur zu entlarven, sondern den tatsächlich vorhandenen Problemen in unserer demokratischen Ordnung auch durchdachte Lösungsvorschläge entgegenzusetzen, die den demokratischen Kern unserer Gesellschaft stärken, um ihn zu bewahren. Es wird eine entscheidende Aufgabe für die etablierten Parteien sein, einen offenen und sensiblen Diskurs über die Zukunft unserer Demokratie zu beginnen, der auch ihre eigene Rolle im Machtgefüge des Landes miteinschließt. Dabei wird es darauf ankommen, den immanenten Wert der expansiven Logik der Demokratisierung neu zu begründen, um zu verdeutlichen, dass eine Demokratie nur dann ganz bei sich sein kann, wenn sie als Prinzip der Gestaltung des gesellschaftlichen Lebens wirklich allen offensteht und nicht erst durch Ausgrenzung der anderen möglich gemacht wird. Schließlich ist Demokratie ein Instrument zum friedlichen Umgang mit Konfliktsituationen, Demokratie ermöglicht Mechanismen und Institutionen, mit denen konflikthafte Interessenlagen zum Ausgleich gebracht werden können. Wer bestimmte Interessen und Positionen von vornherein aus dem demokratischen Prozess ausschließt, um eine homogenere Grundgesamtheit zu erzeugen, erleichtert natürlich das Zustandekommen klarer Übereinkünfte, entwertet aber zugleich die Kraft der Demokratie, die sich ja erst dann wirklich entfalten kann, wenn der inhaltliche Streit voll entbrannt ist. Die demokratischen Kräfte im Land stehen daher auch vor der Aufgabe, den politischen Streit und die politische Kompromissfindung als starke Argumente für eine offene demokratische Gesellschaft nicht nur argumentativ zu behaupten, sondern auch performativ zu belegen. Nur wer wiederholt zeigt, dass der politische Streit zu vernünftigen, ausgeglichenen und praktikablen Lösungsvorschlägen führt, kann auch die Legitimation der Demokratie weiter stärken.

Ein Weg zur Revitalisierung unserer Demokratie wird deshalb in dem klaren Bekenntnis zur Offenheit und Vielfalt unserer Gesellschaft liegen. Wie nötig das ist, zeigen schon all jene Reaktionen auf das Aufkommen der AfD, die sich jenseits einer politischen Bewertung ihrer inhaltlichen Positionen darüber erfreut zeigten, dass bestimmte gesellschaftliche und politische Debatten erzwungen würden. Die demokratischen Parteien müssen verdeutlichen, dass sie dazu keinen Anstoß von außen brauchen, sondern dass sie selber danach streben, Verständigungsprozesse zu organisieren, die Identifikation und Handlungsfähigkeit gleichermaßen ermöglichen. Dazu wird sozialtechnische Rationalität nicht ausreichen. Es muss eine normative Rationalität hinzutreten, die die Vernunft der demokratischen Prozesse und die Praktikabilität politischer Lösungsvorschläge an klare Wertepositionierungen bindet, die übergreifende Zustimmung zumindest potenziell ermöglichen. Das ist kein Plädoyer für eine moralische Abwertung rechtspopulistischer Politikangebote. Das allein wäre zu wenig, um in der gesellschaftlichen Auseinandersetzung durchzudringen. Die Anhänger der Rechtspopulisten wissen schließlich, dass sie es mit verkappten Nazis zu tun haben, wenn die Verbrechen des Nationalsozialismus und der Holocaust mit einem »Fliegenschiss« verglichen werden. Hier braucht es mehr als nur eine engagierte Aufklärung der allgemeinen Öffentlichkeit, die letztlich nur die Narrative derjenigen stärkt, die man schwächen will.

Vielmehr geht es darum, aus dem Wissen um die Kraft der Vielfalt und der Demokratie heraus Antworten auf die institutionellen, kulturellen und ökonomischen Konflikte unserer Zeit zu formulieren. Wer gegen die Scheinattraktivität des Solidarisierungsangebots einer kulturell homogenen Nation angehen will, der muss die diesem Angebot zugrundeliegenden falschen Annahmen über das zu integrierende »Wir« angreifen und ihnen ein vernünftiges Angebot sinnvoller Integrations- und Solidarisierungsmechanismen entgegensetzen, die jenseits der verrechtlichten Beziehungen zum Staat auch wieder ein lebendiges solidarisches Zusammenleben schaffen – in wechselseitigem Respekt und Anerkennung der jeweiligen Andersartigkeit. Das wird ohne einen gehörigen ethischen und utopischen Überschuss bei der Formulierung und Kommunikation des eigenen politischen Angebots nicht gelingen. Für Angebote der linken Mitte bedeutet das auch, dass sie den Materialismus ihrer Analyse wieder stärker durch einen gesellschaftlich-kulturellen Idealismus ergänzen müssen, um auch Fragen der Kohäsion und Kohärenz, des sozialen Zusammenhalts und des kulturellen Zusammenhangs unserer Gesellschaft unmittelbarer aufgreifen und beantworten zu können.

DIE ZERSTÖRUNG DES PLANETEN

Das zweite Kraftzentrum der aktuellen politischen Debatte steht zunächst nicht in einem klassisch dialektischen Verhältnis zum nationalistischen Identitätsversprechen des Rechtspopulismus. Vielmehr konstituiert es sich um ein gänzlich anders strukturiertes und begründetes Solidarisierungsangebot herum: um den notwendigen gemeinsamen Kampf gegen den erwiesenermaßen menschengemachten Klimawandel. Wer dieses Thema zum Ausgangspunkt der Politikformulierung macht und ihm alle anderen Fragen unterordnet, gelangt zu einer pointierten Positionierung, die in ihrem dramatischen Endzeitgestus einen universalistischen Anspruch hat und folgerichtig auch alle gemeinsam anzusprechen versucht. Angesichts der wachsenden Zahl von Extremwetterlagen, der zunehmend drastischeren wissenschaftlichen Szenarien zu den Auswirkungen des Klimawandels und der eher zögerlichen umwelt- und klimapolitischen Programme der jeweiligen Bundesregierungen seit etwa 2005, verfügt das Thema aktuell über eine nicht zu übersehende politische Dringlichkeit. Die regelmäßigen Reportings weisen aus, dass Deutschland seine selbst gesteckten Klimaziele zum Ende des Jahrzehnts nicht erreichen wird und auch noch nicht glaubwürdig beschreiben kann, auf welchen Wegen und mit welchen Maßnahmen die Ziele bis 2030 oder bis zur vollständigen Klimaneutralität 2050 erreicht werden können.

Regelmäßig weisen wissenschaftliche Expertenberichte darauf hin, dass die Politik in beinahe allen westlichen Industrienationen hinter den Vereinbarungen des Pariser Klimaabkommens und des Folgeprozesses zurückbleibt und sich eine steigende Erderwärmung immer unwahrscheinlicher aufhielten ließe. Die Konsequenzen dieses Zögerns könnten dramatischer kaum sein: Steigende Meeresspiegel, kippende Ökosysteme, Extremwetterphänomene und die Unbewohnbarkeit ganzer Weltregionen sind bereits sichtbar oder werden als Szenarien der näheren Zukunft prognostiziert. Und anscheinend hat die Menschheit noch weniger Zeit, als ohnehin schon prognostiziert, um das Ruder noch herumzureißen. Im Sommer 2019 hieß es, dass der Boden in der kanadischen Arktis nach mehreren warmen Sommern in einigen Regionen so stark getaut sei, wie es die Wissenschaftler eigentlich erst für ungefähr 2090 erwartet hatten. Zunehmend stellt sich die Frage, ob der sogenannte *tipping point* bereits erreicht sei, nach dessen Überschreiten die klimatische Transformationsgeschwindigkeit rapide zunehmen werde und ein Umsteuern faktisch nicht mehr möglich sei, sondern nur noch kompensatorische Maßnahmen erwogen werden könnten.

Es ist daher kein Wunder, dass sich unter der aktuellen Schülergeneration eine starke Protestbewegung gefunden hat, die unter dem Hashtag *#fridaysforfuture* mittlerweile jeden Freitag Zigtausende Schülerinnen und Schüler auf die Straße bringt, um ein Handeln der Politik einzufordern. Es ist gerade einmal ein knappes Jahr her, dass die schwedische Schülerin Greta Thunberg sich am 20. August 2018 mit einem Schild mit der Aufschrift »Skolstrejk för klimatet«

vor das schwedische Parlamentsgebäude in Stockholm gestellt hat, um auf ihr Anliegen aufmerksam zu machen. Aus diesem kleinen Anstoß ist mittlerweile eine weltweite Bewegung geworden.

In der Aufgabe, als Menschheit den Klimawandel aufzuhalten, liegt nicht nur eine Notwendigkeit zur Erhaltung unserer Art und der Erde, sondern zugleich auch ein konkretes kollektives politisches Identifikationsangebot. Dieses tritt aufgrund der offensichtlichen Dringlichkeit der politischen und gesellschaftlichen Aufgaben funktional an die Stelle der weitgehend eingehegten klassischen Konflikte zwischen unterschiedlichen Klassen, Religionen oder Ideologien innerhalb einer Gesellschaft, um politische Zugehörigkeit – in diesem Fall zu einer sinnvollen Sache – zu begründen. Längst verlaufen die zentralen politischen Konfliktlinien nämlich nicht mehr nur zwischen einzelnen gesellschaftlichen Gruppen. Sie liegen heutzutage vielmehr zwischen der Lebenswelt – also den fragilen Ressourcen des kulturellen Hintergrundwissens, der persönlichen Fertigkeiten und der gelebten Solidarität – der Bürgerinnen und Bürger auf der einen und den zunehmend entfesselten zweckrationalen Systemen von Macht und Markt auf der anderen Seite. Davor, dass die zweckrationale Steuerungslogik der Letzteren immer tiefer in die Lebenswelt eindringt und sie zu kolonisieren droht, hat Jürgen Habermas bereits 1981 gewarnt und beschrieben, wie dieser abstrakte Konflikt zunehmend konkret nicht nur die Sinn-, sondern auch die Überlebensressourcen der Menschheit bedroht.[32]

Zuletzt hat uns die weltweite Finanzkrise nach dem Zusammenbruch des US-amerikanischen Subprime-Marktes erst wieder vor Augen geführt, wie sehr sich insbesondere entfesselte unregulierte Märkte von den legitimierenden

Zusammenhängen unseres gesellschaftlichen Zusammenlebens entfernen und sehr eigenständige und eigenrationale Funktionsweisen aufbauen. Die Folge sind manifeste Verteilungsprobleme innerhalb der Gesellschaft, deren Ursachen abstrakt bleiben und nicht allein im Handeln einer bestimmten Gruppe verortet werden können, etwa wenn zum Beispiel die Pensionsfonds des einen Landes mit ihrem Spekulationsgebaren Volkswirtschaften am anderen Ende der Welt bedrängen und die dortigen sozialen Sicherungssysteme zum Einsturz bringen.

Auch der weltweite Klimawandel ist solch ein Phänomen. Er ist schließlich kein kollektives Handlungsziel, sondern Ergebnis einer Wirtschafts- und Lebensweise, in der bestimmte Folgen nicht eingepreist sind, die folglich von der Rationalität der Märkte auch nicht erfasst werden können. Hier muss eine Veränderung durch politische Rahmensetzung erzwungen werden. Diese Konflikte entstehen an der Grenze zwischen jeweils funktional differenzierten Teilbereichen einer komplexen Gesellschaft und bringen die »verteilte Intelligenz«[33] und die unterschiedlichen Sinnstrukturen unseres Zusammenlebens gegeneinander in Stellung. Fast alle Fragen der neuen sozialen Bewegungen beziehen sich seit einigen Jahrzehnten auf diese Konfliktlinie, die ungleich schwerer politisch zu mobilisieren ist.

Der aktuellen Bewegung für den Klimaschutz ist es jedoch gelungen, solch eine übergreifende kollektive Positionierung zu entwickeln. Sie wird gestützt von einem Generationen-Framing, in dem insbesondere Schülerinnen und Schüler die Übernahme von Verantwortung durch ihre Elterngeneration einfordern und so eine innergesellschaftliche Mobilisierungsdimension entwickeln, die eine zunächst abstrakte Konfliktstellung auch konkret erzählbar macht.

Das deutliche und nachhaltige Engagement der jungen Generation verleiht der Thematisierung nicht nur eine unmittelbar eingängige Dringlichkeit, sondern darüber hinaus auch eine vorwärtsgerichtete Fortschritts- und Zukunftsdimension, die in einer oftmals normativ weitgehend entleerten politischen Öffentlichkeit zusätzliche Resonanz erfährt.

Auch die YouTube-Interventionen kurz vor der Europawahl waren maßgeblich getrieben von klimapolitischen Erwägungen. Während in Rezos Video auch andere Aspekte wie die Außen- und Sicherheitspolitik der Großen Koalition eine Rolle spielten, fokussierte das kurz darauf von über 90 prominenten YouTuberinnen und YouTubern veröffentliche Video ausschließlich auf den Klimaschutz und das vermeintliche Versagen der regierenden Parteien. Immer wieder wurde in dem Video von unterschiedlichen Sprecherinnen und Sprechern darauf hingewiesen, dass es keine Erkenntnisdefizite mehr gebe, dass sich alle Expertinnen und Experten einig seien, dass es wissenschaftlicher Konsens sei, dass der Klimawandel menschengemacht sei und jetzt gehandelt werden müsse. Niemandem dürfte es gelingen, diesen Aussagen rational zu widersprechen. Bereits seit den siebziger Jahren und den damaligen Berichten des Club of Rome, und erst recht seit den internationalen Vereinbarungen der Weltklimakonferenzen, gibt es in der wissenschaftlichen und politischen Debatte kaum einen ernst zu nehmenden Zweifel daran, dass ein durch menschliches Handeln verursachter Klimawandel zu beobachten ist, der ein energisches Gegensteuern erforderlich macht. Abgesehen von populistischen Ausreißern wie dem US-Präsidenten oder der AfD ist die Diagnose Konsens. Der politische Streit konzentriert sich auf praktische Fragen: Ob mit Verboten, mit Anreizen oder mit technologischen Innovationen reagiert werden soll und inwiefern Klimaschutzziele mit anderen politischen Zielen abzuwägen sind, ist seit Jahren Gegenstand einer kontroversen öffentlichen und politischen Debatte. Genau diese Debatte aber gerät in der ersten Jahreshälfte 2019 erheblich unter Druck und wird als Teil einer tiefsitzenden Verzögerungsstrategie verstanden, weil es immer auffälliger wird, dass die Zeit knapp wird und aus den Debatten ein engagierteres und entschiedeneres politisches Handeln erwachsen muss, als es in den letzten Jahren der Fall war.

Die Demonstrantinnen und Demonstranten von *#fridaysforfuture* und der Vlogger Rezo setzen daher nicht nur auf die Eindeutigkeit der Diagnose, sondern auch auf eine vermeintlich wissenschaftliche Klarheit der vorgeschlagenen politischen und regulatorischen Instrumente. Nicht nur dass, sondern auch wie zu handeln sei, sei wissenschaftlich eindeutig geklärt. In solchen Forderungen gelangt ein bemerkenswerter Szientismus zurück in die politische Landschaft, der in dieser Form früher vor allem im Hinblick auf wirtschaftspolitische Maßnahmen entweder des Monetarismus oder noch davor des Marxismus zu finden war. Politik, zumal demokratische Politik, wird hier auf die Rolle eines effizienten Umsetzungsmechanismus anderweitig erkannter Wahrheiten reduziert.

Dieser Szientismus gewinnt gleich in mehrerlei Hinsicht eine erhebliche Plausibilität dadurch, dass insbesondere der Rechtspopulismus die zugrunde liegende wissenschaftliche Diagnose des menschengemachten Klimawandels leugnet. Wer die Kernprämissen eines aufgeklärten und wissenschaftlich informierten politischen Handelns in modernen Demokratien sichern will, der muss sich diesem bewusst irreführenden Reklamieren alternativer Meinungen mit guten Gründen entgegenstellen. Die Zurückweisung postfaktischer Strategien darf aber nicht so weit gehen, dass die Komplexität der Bearbeitung solch tiefgreifender Herausforderungen, wie es der Klimawandel ist, in einem vorschnellen Konsens über das richtige Handeln eingeebnet wird. »Es gibt unterschiedliche politische Konzepte, über die politisch gestritten wird, es gibt unterschiedliche ökonomische und unternehmerische Strategien mit dem Thema, über die auf den Märkten entschieden wird, das Rechtssystem ist geradezu prädestiniert dafür, unterschiedliche Perspektiven und Interessen zu berücksichtigen, nicht einmal Wissenschaft kann so etwas wie letzte Eindeutigkeiten über Diagnose und Therapie ökologischer Probleme liefern, weil Wissenschaft mit deutlichem Wissen stets auch deutlichen Zweifel am Wissen etabliert«, schreibt Armin Nassehi zu Recht.[34]

Die Kategorie der wissenschaftlich informierten Wahrheit rettet man daher nicht dadurch, dass man sie dem Diskurs entzieht, sondern man gewinnt überhaupt erst eine Vorstellung der Wahrheit, wenn man sie einem Diskurs aussetzt, in dem sich ein Konsens zu den einzelnen Geltungsansprüchen auch der Wissenschaft herausbilden und dieser mit anderen Geltungsansprüchen aus anderen gesellschaftlichen Bereichen abgewogen werden kann. Die Frage beispielsweise, ob und in welcher Weise Zertifikate, Bepreisung oder gezielte Verbote geeignet sind, die notwendige CO_2-Reduktion herbeizuführen, darf der politischen Debatte nicht entzogen werden. Gleiches gilt für die Abwägung der Folgen des jeweiligen politischen Instruments für andere politische Problemdimensionen wie soziale oder wirtschaftliche Folgen, die ja angesichts des Zentralkonflikts nur wie nachrangige Nebenwidersprüche erschienen. Die Methode des abwägenden politischen Ausgleichs zwischen unterschiedlichen Logiken und Interessen ist aktuell in den Ruch des

Taktischen geraten und wird vielfach als Indiz gewertet, sich der eigentlichen politischen Kernfrage nicht ausreichend zuwenden zu wollen.

Dabei sind die Verhältnisse komplizierter, wie zum Beispiel die Entwicklung des von der ersten rot-grünen Koalition verabschiedeten Gesetzes zur Förderung der Erneuerbaren Energien (EEG) zeigt. Während seine präzisen und in ihrer Mechanik vergleichsweise leicht nachvollziehbaren Fördermechanismen mit bevorzugter Einspeisung und fester Vergütung schnell zu einem erheblichen Ausbau der Erneuerbaren Energien führten und das Gesetz international zunächst zu einem echten Exportschlager machten, ist inzwischen festzustellen, dass das Gesetz mit der Marktentwicklung nicht Schritt halten konnte und mehrfach geändert werden musste. Änderungen sind gerade für einen wissenschaftlichen, empirisch-analytischen Politikansatz letztlich eine Selbstverständlichkeit, dies entspricht dem inkrementellen Politikansatz offener Gesellschaften. Erst in der Evaluation der Norm zeigt sich, ob sie wirksam ist und welche latenten Handlungsfolgen sie nach sich zieht. Politik muss darauf reagieren und novellieren. Sie ist deshalb auch prinzipiell mehr als ein bloßer Erfüllungsapparat wissenschaftlicher Erkenntnis. Sie spannt einen gesellschaftlichen Diskursrahmen auf, in dem sich die wissenschaftliche Studie nicht nur mit anderen Interessen, sondern auch mit vermeintlich unreflektierten Alltagspositionen auseinandersetzen muss, um eine Mehrheit zu erlangen.[35] Es liegt in der funktionalen Differenzierung unserer Gesellschaft begründet, dass wir keine platonischen Philosophenkönige haben, deren Erkenntnis sich in politischen Willen übersetzt, sondern dass der allgemeine politische Wille im Lichte der bisherigen Erkenntnisse immer wieder aufs Neue im gesellschaftlichen Gespräch formuliert werden muss, um politische Handlungsprogramme zu begründen. Und natürlich richtet sich dieser Wille auch daran aus, welche Themen gerade besonders weit oben auf der allgemeinen Agenda stehen.

Und in eben dieser gesellschaftlichen Themenagenda zeigt sich 2019 ein erstaunliches Bild: Folgt man den Zeitreihenverläufen des Politbarometers der Forschungsgruppe Wahlen, ist die Zahl der Wählerinnen und Wähler, die Umwelt und Energiewende als wichtiges politisches Problem in Deutschland benennen, von Jahresanfang bis Juni von unter 20 auf weit über 40 Prozent gestiegen. Es ist damit aktuell das aus der Sicht der Bürgerinnen und Bürger wichtigste Thema auf der politischen Agenda. Das zeigt, dass klassische gesellschaftliche Agenda-Setting-Prozesse in diesem Fall durch die *#fridaysforfuture*-Demonstrationen offensichtlich noch funktionieren und ein Thema mit hoher politischer Dringlichkeit aufladen können, wenn die Rahmenbedingungen stimmen. Sicher war diese Entwicklung nicht, denn noch bis ins Frühjahr 2019 hinein drehte sich die gesellschaftliche Debatte oft mehr um die Frage, ob das mit den Demonstrationen verbundene Schulschwänzen eigentlich legitim sei, bis endlich die inhaltlichen Anliegen der demonstrierenden Schülerinnen und Schüler in den Fokus kamen. Der Themenkarriere liegt außerdem – anders als 2011 nach der Reaktorkatastrophe im japanischen Fukushima das gesellschaftliche Meinungsklima in Sachen Atomkraft kippte – keine unmittelbare Reaktion auf einen singulären externen Schock zugrunde. Statt dessen hat offensichtlich eine Gemengelage aus vielen verschiedenen politischen Debatten, wiederkehrenden Extremwetterlagen, von Stickstoff- und Feinstaubbelastungen über nicht erfüllte Klimaziele und neue Verkehrs- und Energiekonzepte dazu geführt, dass das Thema langsam auf der Skala der gesellschaftlichen Relevanz nach oben klettern konnte. Hinzu kamen sicherlich die mittelfristig wirksame, alltagsplausible Unterstützung durch den extremen Hitzesommer 2018 und die regelhafte Thematisierung durch die Freitagsdemonstrationen der Schülerinnen und Schüler, die das Thema auch öffentlich eindringlich erkennbar als *die* zentrale Zukunftsfrage unserer Zeit markierten.

Eine sehr klassische und analoge Mobilisierungsstrategie – die öffentliche Demonstration – besitzt augenscheinlich nach wie vor die Kraft, den klassischen Prozess der Politikvermittlung zu stören und zu verändern. Sicherlich spielte dabei auch eine Rolle, dass mit den bis dahin vermeintlich unpolitischen und hedonistischen Schülerinnen und Schülern auf einmal eine in der öffentlichen Wahrnehmung kaum beachtete Protestgruppe hoch wirksam auf den Plan getreten ist. Einen Monat nach der Europawahl bescheinigt eine Mehrheit der Befragten des ZDF-Politbarometers den Jugendprotesten, auch politische Veränderungen zu bewirken.

Ihr Protest kleidet sich zudem in einfache und klar verständliche Worte: »Why should I be studying for a future that soon may be no more, when no one is doing anything to save that future?«, fragt Greta Thunberg in einem auf der Homepage der Initiative veröffentlichen Zitat rhetorisch.[36] Die Proteste der jungen Menschen verbinden sich hier mit dem berechtigten Gestus der Empörung über all jene, die sich in der Vergangenheit nicht ausreichend um das Thema gekümmert haben und denen der Ruch anhaftet, dies auch aus Bequemlichkeit heraus nicht getan zu haben, da die Folgen sie selbst ja nicht beträfen. Jetzt aber betritt eine Generation die Marktplätze unserer Innenstädte, die ihrer Elterngeneration vorrechnet, dass sie die unmittelbar geschädigte des Klimawandels sein wird. Das ist die Quelle eines natürlichen, beinahe unmittelbar wirksamen Pathos, das dem Protest gleichzeitig zu seiner Reichweite verhilft.

Interessant ist aber auch hier, dass anders als bei früheren Protestbewegungen nicht so sehr die Demokratisierung von Entscheidungsprozessen oder gar die Teilhabe an der Willensbildung im Zentrum der Forderungen stehen. Vielmehr geht es darum, eine bereits als richtig (und alternativlos!) anerkannte Politik zügig und kompromisslos umzusetzen. Der Protest richtet sich also nicht – wie zum Beispiel derjenige der 68er – gegen eine abstrakte politische Ordnung mit dem Ziel ihrer Veränderung, sondern er fordert innerhalb der bestehenden Ordnung diejenigen politischen Verantwortungsträger, die aktuell über die notwendigen Ressourcen verfügen, dazu auf, Konsequenzen aus bereits gewonnenen Erkenntnissen zu ziehen. Wirkmächtig verdeutlicht sich dieses Politikbild in einem Tweet der deutschen *#fridaysforfuture*-Aktivistin Luisa Neubauer, die Ende Juni 2019 twitterte: »Heute über 50 *#Klimastreiks* im ganzen Land. In der 28. Woche in Folge. Es ist unfassbar, mit welcher Vehemenz nach Ausreden gesucht wird, immer noch, seit über einem halben Jahr. Könnte einfach irgendwer mal anfangen zu regieren? Irgendwer? *#fridaysforfuture*«. Politik – zumal Regierungspolitik – wird hier auf die Generierung eines politischen Outputs reduziert, letztlich auf das Produzieren eben jener Gesetze und Verordnungen, die wissenschaftlich schon vorgedacht wurden.

Kein Wunder also, dass die Partei, die sich als Sprachrohr des Umwelt- und Klimaschutzes gegründet hat, besonders in den Fokus rückt und in den Umfragen nach der Europawahl teilweise als stärkste Partei gemessen wurde. Seit jeher wird keine andere Partei so sehr mit Fragen des Umwelt- und

Klimaschutzes assoziiert wie Bündnis 90/Die Grünen. Es ist daher nachgerade zwangsläufig, dass eine thematisch so spitz positionierte Partei von der Relevanzsteigerung ihres Kernthemas unmittelbar profitiert. Wenn die Bürgerinnen und Bürger nichts sehnlicher wünschen, als dass sich Politikerinnen und Politiker endlich um die Belange des Planeten kümmern, dann führt das zu Wahlerfolgen einer Partei, die diese Aufgabe schon in ihrer Gründungsidee zu ihrem programmatischen Kern gemacht hat.

Eine wesentliche Grundlage ihrer jüngsten Erfolge ist sicherlich auch der Umstand, dass die Grünen derzeit als geschlossene und klar konturierte Alternative auftreten. Die Gründung der Partei Anfang des Jahres 1980 speiste sich noch aus zwei unterschiedlichen politischen Strömungen: Während bunte undogmatische Listen vor allem auf ein breites, links-alternatives Oppositionsbündnis setzten, fokussierten die grünen Listen früh auf die parteipolitische Verlängerung der zivilgesellschaftlichen Anti-AKW- und Umwelt-Proteste. Beide Strömungen sind den neuen sozialen Bewegungen eng verbunden, haben sich aber programmatisch und strategisch vor dem Hintergrund ihrer Entstehung zunächst sehr unterschiedlich integriert. Gemein war ihnen von Anfang an ein Fokus auf den Umwelt- und Naturschutz, aber sie unterschieden sich doch erheblich in den gesellschaftspolitischen und bündnispolitischen Strategien. Diese – oftmals als Konflikte zwischen Realo- und Fundi-Flügel wahrgenommenen – parteiinternen Differenzen, prägten lange Zeit die Parteistrukturen.

Dass aber die Frage, ob nun eine realpolitisch am Machbaren oder aber programmpolitisch am Wünschenswerten orientierte Parteistrategie zu bevorzugen sei, solange sie nicht nur die interne Strukturierung, sondern auch die äußere Wahrnehmung der Partei beeinflusste, hat etwas zu tun mit dem »Grundproblem«, das der Politikwissenschaftler Joachim Raschke der Partei vor mehr als einem Vierteljahrhundert attestiert hat: »[E]s gelingt ihnen nicht, Legitimität und Effizienz zu vereinbaren. Auch andere Parteien müssen sich mit diesem Problem herumschlagen, aber bei den Grünen ist die Kluft extrem. Das Legitime ist nicht effizient, das Effiziente nicht legitim.«[37] Angesichts der Dringlichkeit der angesprochenen Probleme wären schon damals radikale regulatorische und verhaltensändernde Politiken notwendig gewesen, die aber lange Zeit kaum auf Zustimmung bei der Bevölkerung stießen, während umgekehrt die abgewogenen Programme kaum in der Lage waren, die Zerstörung des Planeten wirksam aufzuhalten.

Auch andere politische Parteien kennen solche Auseinandersetzung. Am intensivsten wahrscheinlich die Sozialdemokratie, die im 19. Jahrhundert diskutiert hat, ob ein sozialreformerischer Pragmatismus legitim sei, oder ob es der Zuspitzung der sozialen Verhältnisse bedürfe, um revolutionäre gesellschaftliche Kräfte freizusetzen und eine andere Wirtschaftsordnung zu erzwingen. Obwohl dieser Revisionismusstreit schon 1890 zugunsten einer moderaten sozialreformerischen Perspektive entschieden worden ist, dauern die Phantomschmerzen bis heute an und führen immer wieder zu Diskussionen über zu viele pragmatische Kompromisse in der Partei. Es bedarf daher besonderer Persönlichkeiten und besonderer äußerer Umstände, um diese Kluft so weit zu reduzieren, dass übergreifend gesellschaftlich attraktive Programm- und Politikangebote möglich werden.

Ähnlich ist es den Grünen in den vergangenen zwei Jahrzehnten ergangen. Sie kennen diese Achterbahnfahrten. 2001 urteilte Raschke mit Blick auf die Struktur der Wählerschaft der Grünen: »Tatsächlich, die Grünen lassen immer mehr Jüngere kalt.«[38] Und noch bei der letzten Bundestagswahl im September 2017 landeten sie mit 8,9 Prozent der Stimmen nur auf dem sechsten Platz des Parteienwettbewerbs und zogen mit der kleinsten Fraktion in den Deutschen Bundestag ein. Zwei Jahre später im Jahr 2019 hingegen haben die Grünen bei der Europawahl gerade bei den Jung- und Erstwählerinnen und -wählern herausragend abgeschnitten und sind an der SPD im Parteiengefüge vorbeigezogen. Es ist keine neue Erkenntnis und auch kaum verwunderlich, dass sich insbesondere jüngere Menschen Sorgen um die zukünftigen Lebensbedingungen machen. Der Historiker Frank Biess weist in seiner Studie über deutsche Angstzustände der Nachkriegszeit darauf, dass schon 1983 eine Sinus-Studie darauf hingewiesen habe, dass bei zwei Dritteln der 15- bis 30-Jährigen die Angst vor der drohenden Umweltzerstörung die politische Wahrnehmung präge.[39]

Dass die Grünen von einer derartigen Entwicklung aktuell besonders profitieren und binnen weniger als zwei Jahren ihre Stellung im Parteiengefüge deutlich verbessern konnten, hat sicherlich nicht nur mit der themenpolitischen Gemengelage, sondern auch mit der personellen Veränderung an der Parteispitze, mit Annalena Baerbock und Robert Habeck, zu tun, in deren Folge erstmals die klassischen Proporzfragen der Flügel keine zentrale Rolle mehr spielen.

Raschke hat schon 2001 prognostiziert, dass die weitere Ausdifferenzierung der beiden parteiinternen Strömungen »ein beträchtliches Potential für einen innerparteilichen Zentrismus«[40] geschaffen habe. Die Möglichkeiten dieses Zentrismus zeigen sich in der aktuellen Stärke der Partei, die dadurch an Kontur und Wiedererkennbarkeit für die Wählerinnen und Wähler gewinnt. Das, was man unter Renate

Künast und Fritz Kuhn Anfang des Jahrtausends als ersten Versuch der Etablierung eines grünen Zentrismus bezeichnen kann, setzt sich unter der aktuellen, nach klassischen Maßstäben ausschließlich vom Realoflügel besetzten Parteiführung strategisch effizient um.

Durch die Neubewertung der Dringlichkeit der unterschiedlichen politischen Konfliktlagen verändert sich auch das Umfeld, in dem die Grünen das Problem des Spannungsfeldes zwischen Effizienz und Legitimität bearbeiten müssen. Nicht nur steht das grüne Kernthema, in dem sie seit Jahren auch in den Kompetenzzuschreibungen uneinholbar vorne liegen, an der Spitze der gesellschaftlichen Relevanzbewertungen, zugleich verlangt auch das gesellschaftliche Meinungsklima nach gefühlten anderthalb Jahrzehnten Großer Koalition zunehmend drängender nach klaren und ja auch radikal formulierten Positionen. Das bedeutet, dass auch eine Veränderung in der Wahrnehmung politischer Handlungsvorschläge dazu beiträgt, dass effektive Handlungsprogramme plötzlich auch legitim erscheinen. In solch einer Situation externer Dringlichkeit löst sich das bisherige Dilemma zwischen der notwendigen Radikalität effizienter Lösungen und der bedächtigen Abgewogenheit legitimer Prozesse zunehmend zugunsten einer beherzten Radikalität der Forderungen auf. Der Vorsitzende der Grünen, Robert Habeck, fasste dies in die griffige Parole: »Radikal ist das neue Realistisch«.[41] Wenn Kompromisse als politische Taktik diskreditiert werden können, gewinnt die klare Kante der weitreichenden Forderung zumindest vordergründig an zusätzlicher Attraktivität.

Dies gilt vor allem so lange, wie noch über die Formulierung von Policy-Vorschlägen gerungen wird. Sobald es dann in die konkretisierende Umsetzung ordnungspolitischer oder anreizregulierender Instrumente geht, stellen wir regelmäßig fest, dass sich Belastungen nicht im klassischen Sinne gerecht verteilen lassen, sondern es zumindest kurzfristig Gewinner und Verlierer geben kann. Spätestens wenn dieser Umstand gewahr wird, wird sich neuerliche Kritik an den zur Bekämpfung des Klimawandels notwendigen Maßnahmen artikulieren. Deshalb ist der aktuelle Szientismus in der Debatte auch so gefährlich: Er verstellt die Möglichkeit eines demokratischen Diskurses zwischen unterschiedlichen Meinungen, an dessen Ende ein verbreitertes gemeinsames Verständnis der Herausforderungen und ihrer bestmöglichen Bearbeitung entstehen könnte. Der Politikwissenschaftler Frank Nullmeier hat kürzlich angemahnt, die Kategorie der Meinung im öffentlichen Diskurs nicht weiter zu diskreditieren und für eine beherzte und offene Auseinandersetzung zwischen unterschiedlichen Standpunkten geworben.[42] Schließlich sei es unzweifelhaft eine Errungenschaft der Demokratie, dass jede noch so abstruse Meinung in der Öffentlichkeit geäußert werden könne, dass es der Sprecher dann aber auch aushalten müsse, dass die Geltungsansprüche auf faktische Wahrheit, soziale Richtigkeit und emotionale Wahrhaftigkeit gegebenenfalls hinterfragt würden. Wenn darauf hingewiesen wird, dass sich auch wissenschaftliche Forschungsergebnisse dieser diskursiven Prüfung stellen müssen, so ist das keine Infragestellung der menschlichen Verantwortung für den Klimawandel, sondern der Hinweis darauf, dass wir konkretisierende Verhandlungssysteme brauchen, in denen wir gemeinsame Handlungsprogramme vereinbaren können. Wenn das gelingt, ist die Akzeptanz auch für schwierige Einzelentscheidungen umso größer, auch wenn es einmal um Regulierung oder Ressourcenumverteilung gehen wird.

Aus der Oppositionsrolle im Bund heraus sind die Grünen zumindest bundespolitisch in der komfortablen Lage, dass sie die Radikalität der Forderungen zwar behaupten können, dass sie sich aber kaum in konkreten Policy-Vorschlägen niederschlagen muss. In einer Vielzahl von Landesregierungen übernehmen die Grünen dagegen schon jetzt politische Verantwortung, sind dort aber abgesehen von Baden-Württemberg der kleinere Partner und werden folglich von ihren Wählerinnen und Wählern nicht mit der Forderung nach einer vollständigen Umsetzung der eigenen Programmatik konfrontiert. Vielmehr zeigt sich – erst recht wenn man die kommunale Ebene hinzunimmt – eine erstaunliche Bandbreite an Positionen, insbesondere in den weiteren Politikfeldern, die nicht unmittelbar mit den klassischen grünen Themen des Umwelt- und Klimaschutzes korrespondieren. Auch deshalb bleibt das programmatische Profil hier aus Bundessicht unscharf und lädt zur Projektion ein.

Die *tageszeitung* beschreibt das »Erfolgsrezept der Grünen von heute« wie folgt: »Sie behaupten zwar, für radikale Klarheit zu sein, bleiben aber unbestimmt genug, um niemanden zu verschrecken. Klug ausgespielte Indifferenz ist ein Wesensmerkmal der Grünen geworden. Sie ist nicht das schlechteste Rezept für unübersichtliche Zeiten.«[43] Darin, so der Autor Ulrich Schulte, ähnele die Partei zunehmend der CDU Angela Merkels, die ebenfalls klassische Profilspitzen geschliffen und zugunsten eines gefühligen und risikoaversen Politikstils aufgegeben habe. Weiter heißt es in dem Kommentar: »Die Grünen sind im Moment eine riesige Projektionsfläche. Ein weißes Blatt Papier, auf das sich das im weitesten Sinne ökoaffine und progressiv fühlende Bürgertum seine Wünsche in bunten Farben malt, egal ob links, liberal oder konservativ. Der Hardcore-Öko mit Lastenfahrrad und Baumwollbeutel darf sich bei den Grünen ebenso zu Hause fühlen wie die konservative Mittelständlerin aus Baden-Württemberg oder der IT-Fachmann, der seine Kinder morgens mit dem SUV vor der Schule abwirft.«

Ob diese Kritik in der Härte wirklich zutreffend ist, mag dahingestellt bleiben. Fest steht jedenfalls, dass die Grünen im Sommer 2019 die Partei der Stunde sind. Unmittelbar nach ihrem starken Abschneiden bei der Europawahl wurden sie in gleich mehreren Umfragen sogar auf dem ersten Platz des Parteiensystems gemessen. Die interessante Frage dabei sei laut Schulte, »ob das grüne Erfolgsmodell kollabiert, wenn sie in Regierungsverantwortung kommen. In ihrer breit gewordenen Wählerschaft gibt es harte Interessensgegensätze, die nicht durch freundliches Reden aufgelöst werden können. Reale Entscheidungen werden Enttäuschungen produzieren. Wahr ist aber auch: Modern wirkende Diffusität funktioniert in Deutschland gut und lange. Die Grünen schreiben das Konzept Angela Merkels auf ihre Weise fort. Das könnte erstaunlich zukunftstauglich sein.«[44]

Das könnte es in der Tat, aber wohl nur, wenn es in absehbarer Zeit nicht zum Schwur in der Regierungsverantwortung käme, denn ansonsten würde eine Politik der langwierigen Kompromissfindungen oder der radikalen Umsetzung beginnen müssen, die je einen Teil der verbreiterten Wählerbasis erschrecken und verprellen könnte. Die Grünen gewinnen aktuell schließlich Zustimmung in Milieus, denen sie jenseits der Bekämpfung des Klimawandels auf der Grundlage ihres Programms zumindest nicht gesichert ein attraktives Angebot machen können. Das ist so lange kein Problem, wie die Klimaschutzfragen an der Spitze der gesellschaftlichen Themenagenda stehen, doch sehen auch Vertreterinnen und Vertreter der Grünen, dass sie programmatisch einige Aufgaben vor sich haben, wenn sie dauerhaft an der Spitze des Parteiengefüges bleiben wollen. Die notorischen Konflikte der Regierungsgrünen mit ihren jeweiligen Parteibeschlusslagen sind dafür ein gutes Beispiel.

Es lohnt daher, einen genaueren Blick auf die gesellschaftliche Verankerung der Grünen jenseits ihrer themenkonjunkturell begründeten guten Position beim Wähler zu werfen. Das Milieu der Grünen konstituiert sich derzeit vorwiegend aus urbanen, kosmopolitischen Eliten von formal relativ hoher Bildung und sozioökonomisch überdurchschnittlichem Status. Zudem ist es überdurchschnittlich jung. Es handelt sich bei den Kernunterstützergruppen der Grünen entsprechend der jüngsten Nachwahlbefragungen vorwiegend um jene gesellschaftlichen Gruppen, die nicht nur über die Einsicht in die Notwendigkeit einer Verhaltensänderung verfügen, um den menschengemachten Klimawandel aufzuhalten, sondern die darüber hinaus auch noch die Ressourcen besitzen, entsprechenden Verzicht umzusetzen. Derzeit aber erschöpft sich die Zustimmung nicht in diesem Milieu. Die thematische Fokussierung der gesellschaftlichen Debatte im Sommer 2019 lässt die Grünen sehr offensichtlich auch für Wählerinnen und Wähler außerhalb ihrer Kernklientel attraktiv erscheinen. Es ist eine offene Frage, ob es den Grünen gelingen wird, diese Wählerinnen und Wähler in der Zukunft strukturell an sich zu binden. In der Konsequenz würde dies nämlich die Etablierung parteiinterner Verhandlungssysteme bedeuten, die nicht nur die ideologischen Fragen der Flügel zum Ausgleich bringen müssten, sondern darüber hinaus auch sehr viel pragmatischer verschiedene Politikansätze zur Aussöhnung befähigen müsste, um die Akzeptanz einer im Angesicht des Klimawandels notwendigen Politik auch in die Milieus hinein zu kommunizieren, die davon sozial und ökonomisch negativ betroffen sein werden. Diese Vermittlungsleistung ist notwendig. Ich bin überzeugt davon, dass die Partei, der diese Aufgabe in den kommenden Jahren gelingen wird, die künftige Führungsrolle im Spektrum links der Mitte wird reklamieren können.

Eine solche Programmatik dauerhaft durchzuhalten, hieße aber in letzter Konsequenz dann doch wieder, dass Strategien klassischer, milieuübergreifender Volksparteien adaptiert werden müssten – es sei denn, die Angst vor dem Klimawandel und dem Verlust der menschlichen Lebensgrundlagen bliebe auf absehbare Zeit so dominierend wie im Frühsommer 2019 und würde in der Folge alle weiteren Interessen und Themen sekundär erscheinen lassen. Die aktuelle Größe der Grünen jedenfalls lässt sich perspektivisch kaum auf einem einzigen urbanen Milieu gründen, sondern bedürfte einer weitergehend ausbalancierten Programmatik, um nach dem Abflauen der klimapolitischen Themenkonjunktur auch dauerhaft Wahlerfolge dieser Größenordnung zu sichern. Daraus entsteht das Dilemma, dass gerade die Klarheit in den programmatischen Projektionsflächen, die aktuell für Zustimmung sorgt, einer Verfestigung der Position potenziell im Weg steht, da sie zunächst einmal thematisch – und damit in der Regel fragil – begründet ist. Schon allein deshalb sollten wir die Volksparteien als jene politischen Diskursformationen, die zum Ausgleich unterschiedlicher Positionen in ihrer Programmatik prädestiniert sind, nicht vorschnell abschreiben, sondern ihre Fundamente noch einmal genauer betrachten. Sie könnten sich auch in der aktuellen Situation als standfester erweisen, als es zunächst den Anschein haben mag.

DIE ZERSTÖRUNG DER ZUVERSICHT

Wenn einzelne politische Geschichten so wirkmächtig sind wie das Homogenitätsgeraune der AfD oder der gänzlich anders gelagerte Klimaprotest von *#fridaysforfuture*, dann stellt sich zwangsläufig die Frage, ob hier auch handwerkliche Aspekte eine Rolle spielen und sich strategisch für diejenigen etwas daraus lernen lässt, die mit den beiden derzeit am prägnantesten wahrnehmbaren politischen Erzählungen im Wettbewerb stehen. Immanent gelingt es nämlich beiden Strategien auf je eigene Weise, Bürgerinnen und Bürger für ein Anliegen zu mobilisieren und so einen wirksamen Kontrapunkt zur asymmetrischen Demobilisierungsstrategie der Merkel'schen Unionsparteien zu setzen. Im einen Fall werden durch das Führungspersonal und auf der Straße kontroverse Positionen zur Migrationspolitik markiert, im anderen die gesellschaftliche Dringlichkeit des Kampfes gegen den Klimawandel artikuliert. Beide Positionen sind in ihren inhaltlichen Konturen, in ihrem Menschen- und Gesellschaftsbild, grundverschieden und in keiner Facette gleichzusetzen, gleichwohl wirken ihre Positionierungen innerhalb des politischen Geflechts in einigen wesentlichen Aspekten ähnlich. Beide fordern in einer gefühlt lange Zeit statischen Parteienlandschaft dynamisch zum Widerspruch und zum Handeln auf. Diese Störung des politischen Routinebetriebs gelingt in beiden Fällen sowohl durch eine enorme thematische Zentrierung und Fokussierung als auch dadurch, dass Parteien das jeweilige Thema direkt ins Zentrum des politischen Prozesses tragen.

Um das besser verstehen zu können, lohnt der Blick auf die kommunikativen und strategischen Mechanismen, die jeweils am Werk sind. Dazu bedarf es einer Annäherung an zwei zentrale Begriffe der politischen Kommunikationsanalyse: »Frame« und »Narrativ«. Während vor nunmehr zwei bis drei Jahrzehnten intensive, auch wissenschaftliche Debatten über symbolische Politik und politische Inszenierungen geführt wurden, die einseitig darauf zielten, politische und mediale Darstellungsbemühungen vom materiellen Policy-Gehalt politischer Meinungs- und Willensbildungsprozesse zu lösen,[45] wird heute verstärkt untersucht, inwiefern politische und mediale Kommunikation durch Geschichten und wertebezogene Verweise die Wahrnehmung politischer Prozesse und das Verhalten ihnen gegenüber prägen.

Unter einem Frame lässt sich ganz grob ein kommunikativer Deutungsrahmen verstehen, der einzelne Aspekte selektiv betont oder vernachlässigt. Solche Rahmen können als Ergebnis sowohl kultureller Sozialisationsprozesse als auch frühkindlicher neurolinguistischer Programmierungen verstanden werden. Ein Narrativ wiederum ist ein Erzähl- und Darstellungsmuster, dessen sich insbesondere Akteure in Medien und Politik bedienen, um einen komplexen Sachverhalt als Story mit Protagonisten und Antagonisten leichter verstehbar zu machen. Während Frames im hier verwendeten Verständnis meist lebensweltlich-kommunikativ verankert sind, lassen sich Narrative als eine wesentliche Form der medialen Aufbereitung politischer oder gesellschaftlicher

Prozesse als rezipierbare Erzählung vor dem Hintergrund solcher tiefer liegenden Deutungsmuster verstehen.

Narrative sind entsprechend mediale Darstellungs- und Inszenierungsstrategien, die die Aufbereitung des Stoffs erleichtern sollen. Sie rekurrieren auf kulturelle oder gar anthropologische Grundmuster. Zugleich aber stehen sie – wie die klassische *Spiegel*-Geschichte oder auch die Darstellungsmechanismen der TV-Nachrichten zeigen – stets unter dem Generalverdacht der unzulässigen Verkürzung und Zuspitzung. Die Situation verkompliziert sich aktuell dadurch, dass es längst nicht mehr nur um die Beziehung zwischen Medien und Politik geht, sondern sich das kommunikative Feld durch die neuen digitalen Mittler erheblich ausdifferenziert.

Die Bedeutung von Medien und Journalismus für politische Kommunikationsprozesse wird schon seit längerem gleichzeitig über- und unterschätzt. Während manche politik- und kommunikationswissenschaftlichen Studien die Auflösung politischer Eigenlogik unter dem Druck medialer Darstellungszwänge beschreiben und den Medien daher einen alles überwölbenden Superstatus zuschreiben, tauchen dieselben Medien in anderen Kategorisierungen politisch-strategischer Erfolgsfaktoren noch nicht einmal auf. Dieses vermeintliche Paradox löst sich bei näherem Hinsehen weitgehend auf, wenn es gelingt, Medien – und dazu gehören heute auch die vielen unterschiedlichen digitalen Mittler – als das zu begreifen, was sie für die Politik sind: die institutionalisierten Strukturen gesellschaftlicher und damit auch politischer Öffentlichkeit, ohne die weder interessengeleitetes Machthandeln noch diskursive Erörterungsprozesse denkbar wären. Dieser nüchterne analytische Blick ermöglicht es anschließend, zwischen strukturellen systemischen Kopplungen, ideologisch-antagonistischen Stabilisierungen und pragmatischen Kooperationsbeziehungen zu unterscheiden. Denn es macht einen Unterschied, ob sich in den abstrakten Systembeziehungen mediale Aufmerksamkeitslogik und politische Relevanzlogik einander annähern, ob mediale Angebote redaktionell ihre Unabhängigkeit demonstrieren müssen oder ob einzelne Akteure gut miteinander harmonieren, um Publizität gegen Information zu tauschen. Auf allen diesen Ebenen wirken entsprechend auch Frames und Narrative höchst unterschiedlich.

Darüber hinaus muss heute in Betracht gezogen werden, dass lebensweltliche Akteure direkt und unmittelbar in das gesellschaftliche und politische Kommunikationsgeschehen eingreifen, Themen setzen und Meinungen prägen können. Dadurch entsteht eine Konfrontation zwischen Politik und lebensweltlicher Anschlusskommunikation, die in der klassischen Massenkommunikation nicht möglich war und die jetzt eben jenes zusätzliche Stresspotenzial freisetzt, das in den Netzdebatten über die europäische Urheberrechtsreform oder das Rezo-Video zu erleben war. Die klassischen Medien bilden im Hinblick auf diese Effekte gegebenenfalls einen verstärkenden externen Resonanzraum, der in bestimmten Bevölkerungsgruppen bis heute zusätzlich beglaubigende Bedeutung vermitteln kann.

Eine der aktuell besonders vehement vorgebrachten Forderungen in Richtung Politik betrifft die nach Klarheit und Kompromisslosigkeit. Sie bedient sich eines Narrativs, das von Politikerinnen und Politikern erwartet, sich hart an der Sache zu orientieren, eindeutige, faktenbasierte Meinungen zu entwickeln und diese dann auch vollständig umzusetzen. Ein Bild, das sehr offensichtlich einen berechtigten Gegenpol zu den Fake-News-Strategien Donald-Trump-geschulter

Populistinnen und Populisten bilden soll und dessen Hauptzutaten sich auch in beinahe jeder klassischen medialen Inszenierung politischer Machtkämpfe zwischen vermeintlich starken Akteuren neu akzentuiert finden lassen. Hier verlängern sich in der lebensweltlichen User-Kommunikation Vorstellungen, die bereits in klassischer medialer Inszenierung Resonanz erzeugen konnten.

Strategisch steuerbar sind diese meist individuellen oder milieuspezifischen Positionierungen zur Politik letzten Endes kaum – zumindest nicht kurzfristig. Auf der Rezipientenebene sind die Faktoren, die Wahrnehmungsmuster und damit die Bewertung des Gelesenen oder Gesehenen beeinflussen können, so unübersichtlich zahlreich, dass klare und erwartbare Wirkungen medialer Kommunikation heutzutage nicht mehr ernsthaft unterstellt werden. Dynamisch-transaktionale Modelle verweisen eher nüchtern darauf, dass bestimmte mediale Inhalte unter bestimmten Bedingungen bestimmte Wirkungen auf bestimmte Teilpublika haben können.[46] Immerhin lassen sich mit den Mitteln der seit einigen Jahren in Mode gekommenen Neurolinguistik lebens- und alltagsweltliche Deutungsrahmen identifizieren, die die Wahrnehmung der Berichterstattung prägen.[47] Dabei handelt es sich vor allem um Framing-Effekte durch kulturelle Traditionen und Habitualisierungen, die langfristig etabliert sind und sich nicht schnell verändern lassen.

An genau solchen tiefer sitzenden Frames docken die beiden neuen diskurs- und politikprägenden narrativen Pole in unserer Gesellschaft an; dabei könnten ihre inhaltlichen Akzentuierungen unterschiedlicher kaum sein: Während das rechte Kreiseln um identitätspolitische Fragen letzten Endes die Rückkehr in eine antimoderne, tradierte und enge Gesellschaft propagiert, formulieren die klimapolitischen Proteste ein progressives Versprechen der Rettung des Planeten und damit der Lebensgrundlagen aller Menschen durch ein beherztes Umsteuern im Kampf gegen den menschengemachten Klimawandel. So betrachtet könnte man die neue gesellschaftliche Polarisierung auch als Aktualisierung des klassischen Rechts-links-Schemas betrachten. Dass die AfD mehrheitlich den Klimawandel leugnet und die Grünen im politischen Spektrum zu den entschiedensten Verfechtern einer offenen Gesellschaft gehören, unterstreicht zunächst einmal diese Gegenüberstellung. Bisweilen wird sie sogar strategisch gesucht, wenn der »inflationäre Populismusvorwurf als Abwehrreflex eines Milieus, das seine Diskurshegemonie schwinden sieht«,[48] zur Geltung kommt und so eine Dichotomie vertiefen soll, die mobilisierenden Zuspruch für die eigene Position erzeugt.

Aber die politische Lage ist komplizierter, da die beiden Pole zwar an unterschiedlichen Enden des politischen Spektrums liegen, aber keine unmittelbare inhaltliche Konfliktlinie bilden, da sie nicht jeweils antagonistisch die beiden Positionen eines gemeinsamen politischen Hauptwiderspruchs markieren, sondern grundsätzlicher einen je eigenen politischen Kern setzen und so die Debatte inhaltlich zu prägen versuchen.

Der grundlegende Konflikt zwischen den beiden Positionen findet sich in erster Linie auf der inhaltlichen Ebene, während sich auf der strukturellen Ebene tatsächlich einige interessante Parallelen in der Rezeption und damit in den Wirkweisen der beiden diskursiven Angebote identifizieren lassen, die ihre inhaltliche Differenz umso klarer konturieren. Beide formulieren nämlich ein Solidaritätsversprechen und damit eine Stabilisierung jener aktuell augenscheinlich so fragilen Ressource des gesellschaftlichen Zusammenhalts. Sie bieten ein jeweils sehr spezifisch definiertes Identifikationsangebot und somit Struktur in einer immer unübersichtlicher werdenden politischen Landschaft. Dieses Angebot kristallisiert sich jeweils nicht entlang formaler oder wertebezogener Positionen, sondern auf der Grundlage einer inhaltlich klaren politischen Programmatik im Hinblick auf eine klare gesellschaftliche Konfliktstellung – hier die geschlossene Gesellschaft gegenüber den weltweiten Migrationsbewegungen, dort die universale Solidarität im gemeinsamen Kampf gegen die drohende Klimakatastrophe.

In der Konsequenz operieren beide Narrative mit deutlichen inhaltlichen Setzungen und damit auch mit politischen Wahrheitsansprüchen, die im Fall des Rechtspopulismus durch eine generelle Delegitimierung der Vorstellungen offener Diskurse und im Fall der Klimaschutzbewegung durch wissenschaftliche Referenzen der gesellschaftlichen Auseinandersetzung und der Prüfung durch abweichende Meinungen zumindest teilweise entzogen werden. Um Missverständnissen noch einmal vorzubeugen: Es geht hier nicht darum, dass die menschenverachtende Abwertung einzelner Gruppen und der globale Kampf gegen den Klimawandel gleichgesetzt werden sollen – sie sind in ihrem Gesellschafts-, Menschen- und Politikbild grundverschieden –, sondern es geht um die Beobachtung, dass strukturelle Gemeinsamkeiten eine Grundlage ihres jeweiligen aktuellen diskursiven Erfolges bilden.

Hinter beiden narrativen Ansätzen liegen jeweils Geschichten einer externen Bedrohung, die nur durch den festen Zusammenschluss aller angesprochenen und politisch mobilisierbaren Akteure bewältigt werden kann. Die

Notwendigkeit der Solidarität wird somit de facto extern erzwungen, wenngleich die politische Geschichte sie als rationale Einsicht in vernünftige Notwendigkeiten präsentiert.

Eine Hauptressource dieser mobilisierenden Solidaritätseinsicht ist in beiden sehr unterschiedlichen politischen Narrativen die Angst – in einem Fall vor zu vielen Geflüchteten und einer zu stark anwachsenden kulturellen »Andersartigkeit«, und im anderen vor dem drohenden Verlust der Lebensgrundlagen auf unserem Planeten. Derartige Ängste drängen seit etlichen Jahren mit erheblicher Wucht in unsere demokratische Öffentlichkeit hinein und konterkarieren so die klassische Annahme, dass demokratische Gesellschaften von Zuversicht und dem gemeinsamen Streben nach einem besseren Zustand geprägt seien. Der Zeithistoriker Frank Biess weist in seiner lesenswerten Angstgeschichte der Bundesrepublik darauf hin, dass es immer wieder zyklisch auftauchende Angstszenarien gewesen seien, die die diskursive Disposition des Landes geprägt hätten. Meistens hätten diese Szenarien die Furcht vor dem Eintreten eines künftigen Zustandes im Blick und stützten sich auf einzelne Aspekte der Gegenwart, die eine entsprechende Trenderwartung möglich erscheinen ließen: »Angst ist immer auf eine als unsicher und bedrohlich empfundene Zukunft ausgerichtet.«[49]

Beide angenommenen Bedrohungsszenarien betreffen allerdings schon in ihren gegenwärtigen politischen Konsequenzen die Verfasstheit und Verfassung unserer Gesellschaft im Kern. Doch während das neurechte Narrativ an einer vermeintlichen Erosion von Zusammenhang und Zusammenhalt unserer Gesellschaft aufgrund globaler Migrationsbewegungen ansetzt, der durch eine stärkere kulturelle Homogenisierung nationaler Identität begegnet werden müsse, fokussiert das Klimaschutz-Narrativ auf die dramatischen Folgen irrationalen menschlichen Handelns für die Zukunft des Planeten und die ökologische Balance unseres Lebens-, Wirtschafts- und Gesellschaftsmodells.

In einer gesellschaftlichen Situation, in der Ohnmachtsgefühle aufgrund der Größe der beschriebenen Probleme und der Latenz möglicher Handlungsfolgen beinahe allgegenwärtig sind, bieten beide Narrative somit mindestens strategisch einen Einstieg in die Rückgewinnung des Glaubens an die politische Handlungskraft und damit auch an die Selbstermächtigung einer Gesellschaft, ihre Geschicke selbst in die Hand zu nehmen. Allerdings erfolgt dies jeweils dadurch, dass eine Problemdimension inhaltlich hervorgehoben und eine spezifische Form des Umgangs mit ihr zum einzig rationalen Ansatz erklärt wird. Dadurch verengt sich die normative Optionenvielfalt politischer Handlungsstrategien von vornherein auf wenige, klar zu differenzierende und abzugrenzende Stränge. Das ermöglicht Identifikation, Positionierung und Abgrenzung. Und es lebt von der Möglichkeit, dem Wunsch nach klarer Kante nachzukommen.

Aber es erschwert zugleich eine offenere Herangehensweise an politische Probleme, die auch die diskursive Behandlung und Abwägung anderer Interessen ermöglicht. Dies gilt umso mehr, als beide Narrative auch mit scharfer Kritik an der Funktionsweise politischer Prozesse einhergehen und nicht selten, zwar unterschiedlich begründet, aber in der Stoßrichtung durchaus vergleichbar, die langwierigen und komplexen Prozesse parlamentarischer Entscheidungsverfahren kritisch thematisieren und als Problem aktueller politischer Gestaltung ausmachen. Während die neurechten Ideologen das Primat politischer Gestaltungsmacht a priori bei einem nach ihren Homogenitätsvorstellungen organisierten Staat verorten, verlangen auch die Klimaaktivistinnen und -aktivisten von *#fridaysforfuture* nach einem handlungsmächtigen Staat, der das als richtig Erkannte schnell und kompromisslos in die Tat umsetzen soll. Auch ihr Protest richtet sich deshalb anders als frühere Jugendproteste nicht auf mehr Mitwirkung und Teilhabe, sondern verlangt von den etablierten politischen Akteuren, ihre Arbeit zu machen – und kokettiert mit den Sanktionsmechanismen der Abwahl, sollte im Politikformulierungsprozess ein Ergebnis entstehen, das den Erwartungen nicht entspricht.

Hier wird bereits eine weitere Differenz der beiden Narrative deutlich. Blickt man nämlich auf die Frage, wer durch diese klaren Positionierungen angesprochen werden soll, gesellt sich zu den gravierenden inhaltlichen Differenzen der beiden Narrative noch ein weiterer, dieses Mal struktureller Unterschied hinzu: Die Rolle, in der sich die jeweiligen Unterstützergruppen durch die jeweiligen Narrative angesprochen fühlen, könnte nämlich unterschiedlicher – und, ja auch, überraschender – nicht sein:

Die Neurechten positionieren sich gegen den aktuellen Staat und die von ihnen so genannten »Alt-Parteien«. Sie inszenieren sich als die zentrale Oppositionsmacht gegen die etablierten Strukturen und Milieus unserer Gesellschaft. Ihr Narrativ richtet sich frontal gegen die Legitimität des Staates, genauer gesagt, gegen die Legitimität der aktuellen Verfasstheit des Staates. Es fordert untertänige Loyalität gegenüber der eigenen Bewegung mit dem Ziel, eine staatliche Ordnung zu errichten, die die angenommenen Bedrohungen durch zu viel Einwanderung und kulturelle Diversität wieder in die äußere Peripherie der Gesellschaft verbannt.

Den Weg dorthin beschreiten die neurechten Organisationen wie die AfD und die Pegida-Demonstrationen bisweilen mit einer erstaunlich direkten Adaption der Oppositionsstrategien ehemaliger linker und demokratischer Bewegungen im Gefolge der 68er-Proteste. Sie fordern mit Vehemenz mehr Mitbestimmung für die Bürgerinnen und Bürger, verengen diese Teilhaberechte aber wiederum auf diejenigen, die aus ihrer Sicht die legitimen, autochthonen Deutschen sind. Außerdem garnieren sie ihre Politik bisweilen mit demonstrativem Nonkonformismus in Symbolik und Semantik, geben sich im Gestus des Rebellen und reißen gar die jahrzehntelang intakten Brandmauern zu den gewaltbereiten Neonazis ein. Im Kern aber verbleibt das Angebot, auf dem Wahlzettel gegen das »linksgrün versiffte« Establishment der Gesellschaft vorgehen zu können, ohne selbst weitere, konkrete Schritte unternehmen zu müssen. Das schmutzige Geschäft wird von den Neonazis erledigt, von denen man sich zwar immer wieder halbherzig distanzieren muss, zu denen man aber erkennbar strategische Nähe sucht.

Für die Mehrheit der Unterstützer und Mitläufer soll das nicht zu offensichtlich werden. Schließlich wollen die Neurechten den neuen Untertan, von dem sie in ihrem noch zu errichtenden alternativen Staat Loyalität und Gehorsam erwarten dürfen. Deshalb achtet insbesondere der parlamentarische Arm des Rechtspopulismus sehr genau darauf, die Bedürfnisse autoritätsfixierter Anhängerinnen und Anhänger zu bedienen, die gesellschaftliche Handlungsmacht bei wenigen Führungspersönlichkeiten innerhalb der Kernorganisationen verortet wissen wollen, denen sie möglichst bedingungslos auf dem Weg zur Lösung der vermeintlichen Probleme und zur Beseitigung der aktuellen Abstiegs- und Überfremdungsängste folgen können. Die Rolle, in der die Mehrheit der vor allem bei Wahlen zu aktivierenden Unterstützerinnen und Unterstützer angesprochen wird, ist daher eben nicht die des APO-Rebellen, sondern folgt in beinahe karikaturhaft-biedermeierlicher Zuspitzung eben jener opportunistisch untertänigen Unterwerfung, die Heinrich Manns *Untertan*, der Fabrikbesitzer Diederich Heßling, an den Tag legte.

Ganz anders hingegen gestaltet sich das Bild im Klimadiskurs, der mehrere Häutungen hinter sich gebracht hat, um nun mit einer auf den ersten Blick überraschenden Pointe aufzuwarten. Schon in der Analyse der Anfangstage der Umweltbewegung verweist Frank Biess darauf, dass sich hier innere und äußere Ängste mischen: »Die seit den siebziger Jahren sensibilisierten Subjekte waren empfänglicher auch für die Gefahren, die dem empfindlichen Selbst aus der Umwelt drohten.«[50] Dieser unmittelbare Zusammenhang zwischen äußerer Gefahr und Bedrohung der inneren Gesundheit, der in der Entstehung neuer »Körperängste«[51] resultierte, sorgte schon damals für eine erhebliche Resonanz insbesondere in akademisch aufgeklärten Milieus und mobilisierte die frühe Umweltbewegung.

Diese persönliche Betroffenheit durch Umweltverschmutzung und die Bedrohung künftiger Lebensräume macht sich heute auch die Klimabewegung zu eigen. Sie bietet dadurch jenen heimatlosen Kindern der Postmoderne und des Neoliberalismus eine politische Projektionsfläche, die Freiheit und Selbstbestimmung lieben gelernt haben und nun auf der Suche nach einem individuellen Sinn sind. Die Klimabewegung spricht diese Gruppe weniger als Bürgerinnen und Bürger und mehr als Konsumentinnen und Konsumenten an, um sie an ihre Souveränität und Verantwortung für eigene Konsumentscheidungen sowie die notwendige Internalisierung der Klimafolgekosten in Produkte und Services zu erinnern. Alle können demnach durch eine individuelle Verhaltensänderung kumuliert zu gesellschaftlicher Veränderung beitragen – und zwar weitgehend ohne anstrengenden Diskurs und politische Debatte. Es braucht zunächst kein handelndes Kollektiv, sondern die vielen vernünftigen Einzelhandlungen und -entscheidungen aus der eigenen Handlungssouveränität heraus bergen das Versprechen in sich, die Katastrophe aufhalten zu können. Der Stoßseufzer »Wenn doch alle nur so vernünftig wären wie ich …« fasst die Grundhaltung gut zusammen. Schon der Wunsch nach sinnvollerer Selbstoptimierung kann schließlich eine hinreichende Grundlage dafür sein, bewusster zu leben, zu verreisen oder einzukaufen. Umwelt-, Natur-, Tier- und Klimaschutz – kurz ein achtsames ökologisches Bewusstsein – sind nicht mehr nur ein politisches Bekenntnis, sondern in erster Linie ein Lebensstil der vernünftigen Alltagsgestaltung.

Die Entideologisierung des ökologischen Bio-Narrativs hat viel dazu beigetragen, es gleichermaßen anschlussfähig an einen relevanten gesellschaftlichen Mainstream und überzeugend pragmatisch im Hinblick auf die Handlungsmöglichkeiten des Einzelnen zu machen. Dass die Biomilch dann nicht gekauft wird, um der Natur und der Kuh etwas Gutes zu tun, sondern weil man selbst keine Antibiotika oder Pestizide zu sich nehmen möchte, tut im Ergebnis wenig zur Sache. Eine richtige Handlung wird schließlich nicht erst durch eine umfassende Begründung richtig, sondern misst sich an ihren Handlungsfolgen.

Mit dieser Ansprache des Bürgers in seiner Konsumentenrolle überbrücken die parteipolitischen Träger der Bewegung hoch erfolgreich das noch vor einem Vierteljahrhundert beschriebene Dilemma zwischen Effektivität und

Legitimität, indem sie einen unmittelbaren und pragmatischen Weg aufzeigen, auf dem sich das Anliegen effektiv unterstützen lässt. Der Common Sense des Klimawandels findet so umstandslos seine Realisierungsmöglichkeit und muss sich nicht immer wieder aufs Neue im gesellschaftlichen Diskurs als Ergebnis einer allgemeinen Verständigung durchsetzen. Er bedarf zunächst keiner solidarischen Ressourcen, sondern basiert auf der Addition individueller Vernunft. Das solidarische Miteinander entsteht nicht als Ergebnis komplexer und anstrengender Diskurse, sondern im Bewusstsein des gemeinsamen Handelns, ohne dass andere Aspekte des politischen und gesellschaftlichen Miteinanders zur Disposition stehen müssten. Konformität wird auch durch Scham erreicht. Es ist eine offene Frage, ob der Effekt dieser Strategie die erhoffte Repolitisierung der Konsumentenrolle und damit eines Teilbereichs unserer Marktwirtschaft sein wird, oder ob sich der politische Diskurs damit nicht in die Hand ökonomischer Rahmenerwägungen begibt, die ihn mit Entkernung bedrohen werden.

Es ist nur auf den ersten Blick erstaunlich, dass die beiden aktuell scheinbar zentralen politischen Narrative zum einen auf elementaren Ängsten fußen und zum anderen ihre Kraft auch daraus ziehen, dass sie nicht nur in bürgerlichem Verantwortungsgestus ihre Unterstützungsressourcen suchen und finden. Ängste sind starke politische Motivationsfaktoren, und sie charakterisieren eine Zeit, die wahlweise als »Risikogesellschaft«[52] oder als »Neue Unübersichtlichkeit«[53] noch maßvoll zurückhaltend beschrieben wird. Längst sind auch in demokratischen Gesellschaften Ängste Treiber politischer Entscheidungen und Bewegungen. Es ist entscheidend, dass die Angst durch ihre fortgesetzte Beschwörung und Dramatisierung nicht zu einem handlungslähmenden

Faktor wird, sondern dass sie als Motivation zur Veränderung im Jetzt genutzt wird, um das Eintreten des problematisierten künftigen Zustands zu verhindern. Gegenstand der politischen Debatte der Gegenwart muss dann auch die Legitimität der jeweiligen dystopischen Annahmen sein. Nicht anders verhält es sich schließlich auch mit politischen Angeboten, die die Angst vor sozialen oder ökonomischen Verwerfungen in den Blick nehmen und gesellschaftliche und politische Strategien der Gewährleistung von Gerechtigkeit und Sicherheit entwickeln. Es kommt darauf an, die Ängste in ein vernünftiges Verhältnis zu ebenjener auch anthropologisch fundierten Zuversicht zu setzen, die an der Wiege des demokratischen Gedankens und der Aufklärung stand: dass der Mensch die Fähigkeit und die Vernunft besitzt, seine Geschicke selbst in die Hand zu nehmen, sie in der Gemeinschaft zu ordnen und zum Besseren zu gestalten.

Angesichts dieser Dispositionen fällt die Analyse der Vielfalt der sozialen Rollen, in denen Bürgerinnen und Bürger in den aktuellen Diskussionen angesprochen werden, schon etwas schwerer. Sie dürfte zusammenhängen mit einer latenten Krise demokratischer Repräsentations- und Entscheidungsstrukturen, die auch die Rolle der mit Teilhaberechten ausgestatteten Bürger in Mitleidenschaft zieht. Der Untertan verweist zurück auf autoritative Staatsverständnisse, der Rebell auf die Pose des Widerstandes und der Konsument auf die weiterhin zunehmende Stärke marktwirtschaftlicher Steuerungspotenziale im Hinblick auf die Reproduktion materieller Ressourcen. Augenscheinlich sind diese Rollen bisweilen in der Selbstwahrnehmung stärker als jene bürgerlichen Impulse der souveränen Teilhabe am Haben und Sagen in der Gesellschaft. Vielmehr geht es darum, das eigene Leben organisieren zu können und staatliche Institutionen so funktionsfähig zu wissen, dass ihre Kalibrierung alle vier oder fünf Jahre in der Wahlkabine mehr als ausreichend erscheint.

Außerdem verweisen die Ansprache des Untertanen und des Konsumenten immanent auch darauf, wie anstrengend das demokratische Postulat der kollektiven Einigung auf eine richtige Vorgehensweise nach gefühlt endlosen Diskussionen und Mehrheitsentscheiden ist. Stattdessen sollen im Falle des Konsumenten genügend Einzelentscheidungen kumuliert das richtige Ergebnis bringen, während im Falle des Untertanen die Entscheidungsmacht effektiv an den starken Mann (oder – sehr selten! – die starke Frau) delegiert werden kann. In beiden Fällen entfallen die anstrengenden diskursiven Auseinandersetzungen innerhalb der Gesellschaft und damit auch die Grundlagen demokratischer Meinungs- und Willensbildung. Doch während der Untertan im Kern eine alternative Rolle zum demokratisch aufgeklärten Bürger markiert, birgt der Konsument lediglich eine komplementäre Facette. Natürlich ist ein Konsument auch demokratischer Bürger und kann jeweils aufgeklärte Entscheidungen treffen. Hier ist eher entscheidend, welchem Rollenbereich welche Entscheidungen zugeordnet werden, weil es etwas darüber aussagt, welcher gesellschaftlichen Logik welche Entscheidungskraft zugetraut wird.

Insofern trifft die Frage nach dem Aussehen einer demokratischen Gefühlspolitik, die Frank Biess am Ende seines Buches stellt, eine der zentralen Fragen unserer Zeit, wenn wir den Sinn einer demokratischen Gesellschaft in all ihrer komplizierten Abstraktheit verteidigen wollen. Biess propagiert »die Kultivierung demokratischer Ängste«, weil »gerade die permanente Angst vor dem Zurückfallen in einen neuen Autoritarismus eine der Grundbedingungen der Demokratisierung in der Nachkriegszeit« gewesen sei.[54] Diese Angst könnte angesichts der aktuellen Herausforderungen paradoxerweise auch Quelle neuer Zuversicht sein und die demokratischen Entscheidungsmechanismen formal und verfahrensbezogen so mit neuem Sinn füllen, dass es nicht mehr nur um Ängste, klare Kanten und neue Rollen geht, sondern darum, dass aufgeklärte Bürgerinnen und Bürger im Gespräch das für alle Wichtige klären – und so den Wert dieses Gesprächs gegen seine Feinde von rechts verteidigen. Die Vielfalt unserer Gesellschaft und die Grundlagen unseres Lebens gehören sicherlich ebenso dazu wie die Freiheit unserer Lebensgestaltung und der gerechte Zusammenhalt in der Gemeinschaft. Um sie zu wahren, dürfen wir der Zerstörung der Zuversicht durch neue Angstpolitiken und neue populistische Antworten auf nicht gestellte Fragen nicht schweigend zusehen, sondern sollten uns daran machen, das Streben nach Glück und die Gewährleistung seiner Bedingungen auch in Europa und Deutschland zu einer politischen Aufgabe zu machen.

DIE ZERSTÖRUNG DER VOLKSPARTEIEN

Die Zerstörung des gesellschaftlichen Gesprächszusammenhangs, die Verächtlichmachung gemeinwohlorientierter Kompromisse zwischen verschiedenen Interessengruppen, die neue Polarität des gesellschaftlichen Diskursraums entlang der beiden angstbesetzten Diskurskerne Migration und Vielfalt auf der einen sowie Umwelt- und Klimaschutz auf der anderen Seite setzen insbesondere jene politischen Formationen unter Druck, die für die Politik der Bundesrepublik seit 70 Jahren prägend gewesen sind: die Volksparteien.

Dies zeigt sich zunächst im kontinuierlichen Verlust an Wählerzuspruch. Eine sogenannte Große Koalition aus CDU/CSU und SPD, die früher einmal beinahe sicher über eine verfassungsändernde Mehrheit im Deutschen Bundestag verfügt hätte, wäre im Sommer 2019 nicht einmal mehr möglich gewesen, weil die beiden Parteien so weit geschrumpft sind, dass sie bei Neuwahlen gemeinsam nicht auf die Hälfte der Sitze im Deutschen Bundestag gekommen wären. Diese Situation hat sicherlich auch etwas damit zu tun, dass seit 2005 unter Führung von Angela Merkel bereits drei Große Koalitionen im Amt waren, nur unterbrochen durch ein CDU/CSU/FDP-Intermezzo von 2009 bis 2013. Der Versuch der SPD, sich nach der Wahl 2017 einer neuerlichen Großen Koalition zu entziehen, um stattdessen einen oppositionellen Gegenpol im Parlament zu etablieren, scheiterte mit dem Platzen der Sondierungsgespräche für eine sogenannte Jamaika-Koalition aus CDU / CSU, FDP und Grünen und unter dem darauffolgenden Druck des Bundespräsidenten auf alle Parteien, die Stabilität und Regierungsfähigkeit des bundesrepublikanischen Parlamentarismus unter Beweis zu stellen. Die SPD konnte sich dem als im Kern staatstragende Partei mit Regierungsanspruch nicht entziehen und trat Anfang 2018 in die insgesamt vierte Große Koalition seit 1949 ein – begleitet von erheblichen Befürchtungen, dass damit trotz des stark sozialdemokratisch geprägten Koalitionsvertrages eine weitere Schwächung der Partei einhergehen werde.

Der Zentrismus einer Großen Koalition führt nämlich beinahe zwangsläufig zu einem Erstarken der Ränder. Wenn die beiden prägenden Parteien des Mitte-rechts- und des Mitte-links-Spektrums eine Koalition bilden, dann ergeben sich daraus Policy-Entscheidungen, die weder dem einen noch dem anderen Lager so viel Zustimmung entlocken können, dass daraus auch demokratische Stabilität erwachsen würde. Klassischerweise galten Große Koalitionen deshalb als politische Formationen für gesellschaftliche und demokratiepolitische Umbruchzeiten, in denen die Verhältnisse konsensual geordnet werden müssen, um daran anschließend wieder in den politischen Meinungsstreit zu gehen. Die zunehmende Fragmentierung des Parteiensystems allerdings erschwert zunehmend die Bildung anderer Zweier-Koalitionen und erzwingt entweder komplexe Koalitionsbildungsprozesse oder zwingt die beiden großen Parteien so lange in gemeinsame Koalitionen, bis sie schließlich den eigentlich kleineren, ehemaligen Koalitionspartnern auf

Augenhöhe begegnen, oder gar von ihnen in der Wählergunst überholt werden.

Die Verantwortung für diesen politischen Entwicklungsprozess wird in der gesellschaftlichen Debatte nicht nur den Wirkweisen Großer Koalitionen, sondern zunehmend auch dem Politikmodell sogenannter Volksparteien zugeschrieben. Als milieu- und interessenübergreifende, durch Regierungswillen und Wertentscheidungen zusammengehaltene politische Formationen stehen sie exemplarisch für das pathetisch ernüchterte Politikmodell der alten Bundesrepublik, das auf die Erfahrungen der Verbrechen des Nationalsozialismus mit verwaltungs- und verfahrensrationaler Politikformulierung reagierte und damit über Jahrzehnte hinweg gut gefahren ist. Allerdings tun sich die Volksparteien als Träger dieser Output-Rationalität schwer damit, auf emotionale Stresssituationen angemessen empathisch zu reagieren. Es entspricht ihrem Politikmodell, Ängsten die Spitze zu nehmen und sie durch konkrete, praktische Politikformulierung zunächst auf ein politisch handhabbares Maß zu schrumpfen und dann durch Beschlüsse und Maßnahmen und deren Implementierung langsam zu beseitigen. In dem Moment aber, in dem genau diese Form der Politikformulierung zunehmend gesellschaftlich in Zweifel gezogen wird, greifen auch die politischen Reaktionsmuster ins Leere und werden diskreditierbar. Die Volksparteien machten »Politik aus Verwaltungen für Verwaltungen« heißt eine in jüngster Zeit häufig zu vernehmende Kritik, die in der unbedingten Sachorientierung nicht mehr nur eine plausible Reaktionsweise auf konkrete Herausforderungen sieht, sondern zugleich auch die normative und emotionale Ernüchterung des politischen Diskutierens und Handelns als eine problematische Leerstelle in unserer Republik auffasst.

Der damalige SPD-Bundesgeschäftsführer Peter Glotz hat seine Partei schon Anfang der achtziger Jahre auf die Notwendigkeit hingewiesen, »daß sie Politik nicht aufs Administrative schrumpfen läßt. Sie muß die Partei als Lebensraum, als Forum der Kommunikation, als Organ der Bewußtseinsbildung neu organisieren.«[55] Dieser Hinweis auf die soziale und kommunikative Funktion der Partei ist gerade für Volksparteien wichtig, die eben nicht bereits vorfindbare Milieus oder Interessengruppen in den politischen Prozess führen, sondern explizit breiteren Bevölkerungsgruppen offen stehen. Es ist dieser eher funktionale Aspekt des Konzepts der Volkspartei, der in der aktuellen Krisendiagnostik oftmals nicht ausreichend berücksichtigt wird. Wer von der Krise der Volksparteien spricht, der verbindet das häufig mit der Beobachtung, dass die schrumpfenden Parteien zunehmend nicht mehr über die notwendige Breite des Zuspruchs zu ihrer Politik verfügen, um als Volksparteien anerkannt zu werden. Dabei bezeichnet die Kategorie Volkspartei weniger eine bestimmte Größe einer Partei als vielmehr eine konzeptionelle Qualität. Die SPD beispielsweise wurde zur Volkspartei, als sie Ende der fünfziger Jahre zunächst die Mitgliedschaft von anderen Gruppen als Arbeitern im Organisationsstatut ermöglichte und sich kurz darauf im Godesberger Programm auch den politischen Anliegen anderer Bevölkerungsteile öffnete. Die Zustimmung zu einem Programm der Verwirklichung der Grundwerte Freiheit, Gerechtigkeit und Solidarität bildete den integrativen Kern der Parteiarbeit, der sich in einer sozialen Formation interner Diskussions- und Meinungsbildungsforen verwirklichen sollte. Die Union wiederum ist als Sammlungsbewegung ehemals getrennter konfessioneller Parteien entstanden und hat Integration vor allem durch den Erfolg bei Wahlen und daraus ableitbare Regierungskompetenz des eigenen Personals gewährleistet.

Insbesondere das Modell von Volkspartei, das der Sozialdemokratie bis heute zugrunde liegt, hat daher wenig mit Stimmanteilen und Wahlerfolgen zu tun, aber umso mehr mit einer offenen, nicht milieuspezifischen Programmatik. In Zeiten, in denen die soziale und lebensästhetische Fragmentierung der Gesellschaft kontinuierlich zunimmt, birgt eine solche politische Strategie eine plausible Chance, auch weit voneinander entfernte Milieus um bestimmte Anliegen oder Grundwerte herum zusammenzubringen und Mehrheitspositionen zu erringen – wenn es denn fortgesetzt gelingt, auch eine Vielzahl unterschiedlicher Milieus anzusprechen. Es gehört dabei zum Charakter von Volksparteien untrennbar hinzu, verschiedene, auch konflikthafte Interessen zusammenzuführen und parteiintern in Programmprozessen zum Ausgleich zu bringen. Dieses innerparteiliche Ringen um den richtigen Kurs wird in der Mediendemokratie oftmals als ein Mangel an Geschlossenheit und Strategiefähigkeit wahrgenommen, ist aber in komplexen Großorganisationen, die in ihrem Charakter eher einer »lose verkoppelten Anarchie«[56] gleichen, wie es die Parteienforschung nüchtern definiert, letzten Endes unverzichtbar.

In der gängigen Kritik an den Volksparteien wird genau diese Politik des parteiinternen Ausgleichs als ein manifestes Problem beschrieben. Die Prozesse dauerten zu lange, die Parteien vermittelten ein unscharfes Außenbild, die Kompromisse wirkten nivellierend, mutige Zukunftsgestaltung sei kaum möglich – so lauten einige der immer wieder erhobenen Kernvorwürfe. Insbesondere von Seiten der AfD sind solche Vorhaltungen regelmäßig zu hören. Sie versucht die von ihr als »Alt-Parteien« benannten politischen Formationen verächtlich zu machen – was aber zugleich die AfD-Fraktionsvorsitzende im Deutschen Bundestag, Alice Weidel, nicht daran hindert, in beinahe schon neurotischer Häufung von der AfD als neuer »Volkspartei« zu sprechen. Natürlich liegt hier ein anderes kulturalistisch und ethnisch verengtes Verständnis des Volksbegriffs zugrunde als in der klassischen Definition von CDU / CSU und SPD.

Im Hinblick auf die künftige Ausdeutung des Konzepts deutlich spannender als diese Vulgär-Reklamation sind die Schwierigkeiten, die insbesondere Vertreterinnen und Vertreter der Grünen mit dem Begriff haben. Auch sie verweisen aktuell immer wieder auf vermeintliche Schwächen der Volksparteien, um angesichts des Wachstums ihrer Partei Distanz zu diesem als problematisch erkannten Konzept zu wahren. Zugleich aber signalisieren sie in den vergangenen Monaten zunehmend, dass sie ihr politisches Angebot als ein Angebot an die gesamte Gesellschaft verstanden wissen wollen, weil die klima- und umweltpolitischen Herausforderungen ja auch nicht milieuspezifisch seien.

Ende März 2019 beschreibt der Grünen-Vorsitzende Robert Habeck in seinem Blog, warum die ökologischen Fragen längst zu milieuübergreifenden Bündnissen geführt hätten und die Grünen folglich in sehr unterschiedlichen politischen Konstellationen Regierungsverantwortung übernehmen und sich in komplexen Situationen koordinieren müssten: »Und dieses Hinterfragen von Gewohnheiten und politischen Praktiken wollen wir jetzt gesellschaftlich anbieten. Es geht darum, Orientierung zu geben und handlungsfähig zu werden für die Zeit nach den Volksparteien. Sich zu öffnen, das ist die Stärke.«[57] Dieses Öffnen aber ist genau die Strategie, die an der Wiege der bisherigen klassischen Volksparteien stand und die zu all den internen Aushandlungs- und Kompromissfindungsprozessen geführt hat, die Habeck und andere immer wieder kritisiert haben: »In der hochindividualisierten Gesellschaft suchen Volksparteien oft nur noch den kleinsten gemeinsamen Nenner, was dazu führt, dass irgendwie nichts mehr vorangeht«, sagte Habeck im Oktober 2018 in einem Interview mit dem Redaktionsnetzwerk Deutschland und brachte dabei die Idee des »Bündnis« gegen die der »Volkspartei« in Stellung.[58]

Wie diese paradoxe Strategie – einerseits die ganze Gesellschaft zu adressieren, aber andererseits nicht als Volkspartei verschiedene Interessen zum Ausgleich bringen zu wollen, sondern in einigen Politikfeldern wie Klimaschutz und Migration kompromisslos klare Kante zu zeigen – auf die Dauer erfolgreich sein soll, ist derzeit eine offene Frage. Solange die dieser Strategie zugrunde liegenden politischen Fragen klar im Fokus der öffentlichen Aufmerksamkeit stehen und die Dringlichkeit ihrer Lösung beinahe gesellschaftlicher Konsens ist, kann diese Mehrheitsstrategie aufgehen. In dem Moment aber, in dem andere Fragen wieder stärker in den Fokus rücken, wird der Zuspruch nur zu erhalten sein, wenn auch für sie Antworten entwickelt werden, die dann beinahe zwangsläufig auf Kosten der Klarheit und Kompromisslosigkeit bisheriger Positionen gehen müssen. Wer in einer offenen und vielfältigen Gesellschaft dauerhaft über ein Viertel der Wählerinnen und Wähler ansprechen will, der wird nicht umhinkommen, bestimmte konflikthafte Positionen innerhalb einer konturierten Programmatik miteinander zum Ausgleich zu bringen. Und damit zur strukturellen und programmatischen Volkspartei zu werden.

Die Alternative wäre ein politisches Parteiensystem, das Peter Glotz bereits 1982 mit Sorge am Horizont heraufdämmern sah: eine Parteienlandschaft, in der die einzelnen Parteien scharf konturierte Interessen oder Milieus vertreten und den Ausgleich nicht mehr intern anstreben, sondern im Verfahren der Koalitions- und Regierungsbildung lösen wollen. Im Ergebnis gäbe es keine dauerhaft großen Parteien jenseits der 20 Prozent mehr, sondern eine Vielzahl kleinerer Interessenparteien, aus denen nach Wahlen eine Regierung zusammengepuzzelt werden müsste. Glotz befürchtete in dieser Entwicklung problematische Konsequenzen für die Rationalität und Steuerungsfähigkeit parlamentarischer Politik:

»Die Zerlegung der Parteiblöcke in Einzelinteressen würde nicht zur erfrischenden Artikulation unterdrückter Interessen führen, sondern eher zur starren und bulldozerhaften Konfrontation von einzelnen Interessenströmen. [...] Ich weiß, ein neues Parteiensystem brächte goldene Zeiten für Polemiker und Satiriker; es gäbe wieder eleganten Spott, geistvollen Hohn, entlarvende Schärfe und scheinbar befreiende Handlungsmöglichkeiten. Aber über kurz oder lang führte dies in Deutschland zuerst zu ›Sonntagsspaziergängen‹, wie die Berliner Hausbesetzer ihre provokanten Besuche bei Maklern und Hauseigentümern nannten, dann zu bürgerwehrähnlichen Verbänden und schließlich zur Herrschaft von Machtgruppen, die sich einen starken Mann engagieren würden.«[59]

Die Enttäuschungen darüber, dass sich die kompromisslosen Parteihaltungen angesichts der Durchsetzungsschwäche in Koalitionsregierungen kaum eins zu eins in Regierungshandeln übersetzen ließen, würden demnach beinahe zwangsläufig zur Radikalisierung der Enttäuschten im außerparlamentarischen Bereich führen. Gegenüber den Enttäuschungen, die eine fortgesetzte Große Koalition der bisherigen Volksparteien nach sich ziehen würde, wäre dann nur wenig bis gar nichts gewonnen.

Natürlich lassen sich die bisherigen Überlegungen zu den Spielregeln der aktuellen Auseinandersetzung als die Abwehrreflexe eines Politikers einer im Niedergang befindlichen Volkspartei diskreditieren. Aber so einfach sollten wir es uns gemeinsam nicht machen. Es steht außer Frage, dass es eine Rückkehr zum Status quo ante weder in unserer medialen Diskurslandschaft noch in unserem Parteiensystem und damit auch nicht in der Verfasstheit unserer Demokratie geben wird. Aber es ist sehr wohl eine offene Frage, in welcher organisatorischen und diskursiven Formation wir die politischen Angelegenheiten unserer Gesellschaft am besten bewältigen können und wollen. Derzeit erscheint es zwar als zwangsläufig, dass wir auf Verhältnisse zusteuern, in denen viele kleinere Parteien trennscharf und klar die Interessen einzelner Milieus bedienen. Aber es ist keinesfalls ausgemacht, dass eine Verlängerung der gesellschaftlichen Unübersichtlichkeit und ihrer fragmentierten Meinungs- und Interessenkonstellationen in die Parteienlandschaft hinein tatsächlich den Wünschen der Wählerinnen und Wähler entspricht.

Solange aber die klassischen Volksparteien ihre interne Vielfalt und ihre programmatische Kompromissfähigkeit nicht als Vorteil und als Chance begreifen, sondern als einen Makel innerhalb der Darstellungszwänge unserer medialen Vermittlungsstruktur, kann die Diskussion über ihre immanente Stärke als Institutionen des rationalen Umgangs mit der Komplexität unserer gesellschaftlichen Verhältnisse in letzter Konsequenz gar nicht geführt werden. Solange nämlich die Volksparteien selber gar nicht an ihre Stärke glauben, die ja unter anderem auch in ihren immer noch mehreren

Hunderttausend Mitgliedern liegt, sondern sich latent bei den Wählerinnen und Wählern für ihre vermeintlichen Unschärfen und für ihre Bereitschaft, verantwortungsvolle Kompromisse mitzutragen, entschuldigen, ist kaum zu erwarten, dass sie auf neue Zustimmung stoßen werden. Wer kaum noch an sich glaubt, wird auch nicht in der Lage sein, bei anderen Glauben zu stiften.

Dass aber umgekehrt auch die interessen- und milieuspezifische Verengung keinen garantierten Erfolg verspricht, zeigen die zurückliegenden Bundestagswahlkämpfe der SPD. Immer wieder ist artikuliert worden, dass man die Angst vor einem sozialen Abstieg ernst nehmen und die eigene Geschichte des Kampfes um Gerechtigkeit dagegen setzen müsse. Nach der Auflösung einer milieuübergreifenden Konstellation und der Fokussierung auf Innovation und Stärkung der Eigenverantwortung sollte der gegenläufige Pendelschwung zur sozialen Gerechtigkeit verloren gegangenes Vertrauen zurückgewinnen. Die daran anschließende Gerechtigkeitspolitik konzentrierte sich überwiegend auf einen zentralen, wenngleich schrumpfenden, Teil des klassischen SPD-Kernwählermilieus – die gewerkschaftlich organisierte Industriearbeitnehmerschaft –, um diese gezielt stabilisierend anzusprechen. Das kann – gerade um überhaupt wieder eine politische Basis zu sichern – durchaus eine plausible Fokussierung sein. Aber es zeigt sich, dass die vorhandenen Zukunftssorgen vor einem sozialen Abstieg für die SPD selbst in diesem Milieu zunehmend weniger als politische Bindungsressource aktivierbar sind.

Es ist der SPD weder gelungen, eine wachsende gesellschaftliche Sorge vor sozialem Abstieg ausreichend zur Grundlage ihrer Politikvorschläge zu machen, noch hat sie es geschafft, eine positive und fortschrittsoptimistische Grundstimmung mit ihrer Politik zu verbinden. Dabei sind die sozialen Ängste aufgrund der Wohnsituation in den Städten oder der Sorgen um die Absicherung im Alter durchaus greifbar. Doch ist es bis heute auf Bundesebene nicht gelungen, ein in dieser Hinsicht sowohl medial als auch alltagsweltlich anschlussfähiges Narrativ zu entwickeln, das ein Bewusstsein für ein größeres, diskursiv prägendes Gerechtigkeitsproblem in unserer Gesellschaft schaffen könnte. Das hat mehrere Gründe, die sowohl in der komplexeren gesellschaftlichen Lage als auch in der konkreten Wahrnehmung der Partei liegen.

Die demoskopischen Daten zeigen, dass die Wirtschaftslage seit Mitte 2010 als überwiegend gut wahrgenommen wird. Weder 2013 noch 2017 waren somit die Voraussetzungen für einen Gerechtigkeitswahlkampf aus sich selbst heraus gegeben, weil die gesellschaftliche Mehrheit kein Gerechtigkeitsproblem erkennen konnte oder individuell spürte, und die wachsende Minderheit, die prekäre Beschäftigungsbedingungen und Lohndruck sehr wohl tagtäglich erlebt, die SPD-Reformen der Agenda 2010 für ihre Lage mit verantwortlich macht. Die Partei muss sich auch deshalb mit tiefgreifenden Widersprüchen in der Wahrnehmung ihrer Programmatik auseinandersetzen: 65 Prozent der potenziellen Wählerinnen und Wähler stimmten 2013 in einer Umfrage des ARD-Deutschlandtrends von infratest dimap der Aussage zu, dass die SPD mit der Agenda 2010 einen wesentlichen Anteil daran habe, dass es Deutschland heute besser gehe als anderen Ländern. Zugleich aber bejahten 62 Prozent die Frage, ob die SPD mit Hartz IV und der Rente mit 67 ihre sozialdemokratischen Prinzipien aufgegeben habe. Derartige Bewertungen erschüttern die Belastbarkeit der Kompetenzzuschreibungen hinsichtlich sozialer

Gerechtigkeit, die damals nach wie vor gut, aber eben schon nicht mehr sehr gut waren, und bis heute immer weiter in den Keller gegangen sind, weil jede sozialpolitische Initiative augenscheinlich den Frame aktiviert, dass die SPD die Sicherungsversprechen des Sozialstaates eingeschränkt hat. Dazu beigetragen, dass sich diese Wahrnehmung der SPD nicht verändert hat, hat auch ihre organisatorische Kommunikation, die nach 2009 in der Gesamtheit zwischen Stolz und Scham im Hinblick auf die eigene Regierungszeit schwankte und diese Widersprüche in der andauernden Selbstbeschäftigung mit vergangenen Beschlüssen und ihrer nachholenden Rechtfertigung oder Korrektur eher noch befördert hat.

Aus dieser Situation ist in der Vergangenheit immer wieder ein strategisches Dilemma entstanden: Um die Kernwählerschaft zu stabilisieren, hätte sich die SPD offensichtlich stärker von den Sozialstaatsreformen der Agenda 2010 lossagen müssen, und so das sozialstaatliche Sicherungsversprechen gegenüber dem Einzelnen und der Einzelnen wieder zu stärken und klassische Gerechtigkeitsgefühle anzuerkennen. Das hätte jene urbanen und bürgerlichen Milieus verschreckt, die sich der SPD durchaus auch zugewandt fühlen. Um wiederum einen milieuübergreifenden gemeinwohlorientierten Politikansatz erfolgreich zu entwickeln, hätte die Partei auf die breite Zustimmung zu den Kernideen der Reformen und die gesellschaftsweit verbreitete individuelle wirtschaftliche Zuversicht setzen müssen, um neue Politikvorschläge zu entwickeln. Darüber aber hätte sich ihre Kernklientel wahrscheinlich vollständig von der Partei abgewandt.

In dem Versuch, dieses Dilemma nicht mehr nur mit einer Addition der Facetten Innovation und Gerechtigkeit, sondern mit einer breiter gefassten Gerechtigkeitspolitik zu umgehen, haben die Kampagnenstrategien der SPD in den letzten Jahren immer wieder erheblichen Anlauf nehmen müssen, um zu ihrem Kernanliegen zu gelangen. Sie haben dabei durch die Fokussierung auf das Thema Gerechtigkeit versucht, auch den Bürgerinnen und Bürgern, die zwar eine abstrakte Gerechtigkeitslücke durchaus anerkannten, darin aber für sich kein Problem sahen, klarzumachen, dass das auch für sie ein Problem sein müsse. Das ist keine einfache Ausgangslage.

Die Voraussetzung für einen erfolgreichen Gerechtigkeitswahlkampf wäre gewesen, dass Wählerinnen und Wähler außerhalb des Kernmilieus sich zunächst selbst hätten eingestehen müssen, dass sie die Welt »falsch« wahrnehmen oder bewerten, um dann die sozialdemokratischen Antworten als richtig ansehen zu können. Hinzu kommt, dass diese Versuche der Aufklärung über die Situation etlichen Wählerinnen und Wählern immer wieder ins Gedächtnis riefen, dass sie eigentlich der Meinung waren, dass die SPD mit ihrer Regierungspolitik an diesen Gerechtigkeitsproblemen mitschuldig sei. Nur um dann vor die Frage gestellt zu werden, ob sie der Partei dieses Mal glauben sollen, dass sie das Heilmittel für die vermeintlich selbst verursachten Krankheiten kennt. Im Bundestagswahlkampf 2013 hat dieser Ansatz laut der Daten von infratest dimap zum gegenteiligen Ergebnis geführt: Im Mai 2013 sagten 40 Prozent, dass es in Deutschland eher gerecht zugehe, 55 Prozent waren der Meinung, dass es eher ungerecht zugehe. Kurz vor der Wahl waren es 55 Prozent, die meinten, dass es eher gerecht zugehe, nur noch 40 Prozent waren der Ansicht, es gehe ungerecht zu. Diese Daten sind schonungslos. Egal ob die SPD mit ihrer Deutung recht hatte oder nicht: Ihre Interpretation der Lage war nicht überzeugend.

Es bedürfte daher sehr grundsätzlich mindestens eines

längeren aufklärerischen Diskurses, um die empirisch durchaus belegbare »Gerechtigkeitslücke« in unserer Gesellschaft breitenwirksam politisierbar zu machen und herrschende Diskursdispositive zu brechen. Denn wer in unserer Gesellschaft aktuell Angst vor einem drohenden sozialen Abstieg hat – und somit durch sozialdemokratische Gerechtigkeitspolitik erreichbar wäre –, konzentriert sich derzeit augenscheinlich auf die kulturalistischen Verpackungen des Problems, die der Rechtspopulismus anbietet und wird von der Vielfaltsoffenheit einer modernen Sozialdemokratie abgeschreckt. Solch eine Diskurssituation zu verändern, gelingt nicht binnen weniger Wochen, sondern braucht langen, strategischen Atem – der aktuell so wirkmächtige Klimadiskurs brauchte Jahrzehnte, um zum aktuellen *tipping point* zu gelangen – und vor allem eine erkennbar konturierte pragmatische Politik, die konkrete Vorschläge zur Verbesserung der Lage macht.

Ansätze einer längerfristigen kommunikativen und strategischen Vorbereitung einer grundsätzlich wertebasierten Gerechtigkeitspolitik waren seit 2009 durchaus vorhanden: Zu ihnen gehörten die Aufklärung über die soziale Lage und die Definition neuer Herausforderungen, die nicht allein auf Entscheidungen der Agenda 2010 und der Hartz-Gesetzgebung zurückweisen, ein neuer, teilhabeorientierter kommunikativer Habitus sowie die Implementierung von Gestaltungsoptimismus als politischer Grundhaltung auf Basis eines neuen Fortschrittsbegriffs. Diese Fundamente hätten durch konzentrierte Vertrauens- und Diskursarbeit kontinuierlich gefestigt und außerdem in ein politisches Angebot integriert werden müssen, das inhaltlich breiter angelegt sein müsste als der eng geführte Gerechtigkeitsdiskurs. Es zeigt sich nämlich deutlich, dass eine solche Fokussierung auf Gerechtigkeitsthemen des Sozialstaates allein in der aktuellen Lage keine ausreichende Grundlage für die Mehrheitsstrategie einer Volkspartei sein kann. Hierzu müssten Gerechtigkeitsthemen mindestens eingebettet sein in eine Erzählung des gesellschaftlichen Zusammenhalts, in dem die gerechte Verteilung von Chancen und Gütern nicht bloß als eine durch den Staat zu gewährleistende Umverteilung erscheint, sondern als eine ethische und soziale Selbstverständlichkeit zwischen einander gleichberechtigt und solidarisch verpflichteten Bürgerinnen und Bürgern. Und damit auch in eine Geschichte, die nicht nur defensiv auf Sicherung bedacht ist, sondern zuversichtlichen Gestaltungswillen ausstrahlt.

Ein Weiteres kam hinzu: Die SPD hat die Republik vor den letzten Wahlkämpfen immer wieder aufs Neue mit der Frage unterhalten, welcher mittelalte Mann als Kanzlerkandidat antreten darf. Sie hat sich damit der Fokussierung der Medien auf die Politics der Partei und der damit einhergehenden Abwendung von inhaltlichen Themen, der Policy, bereitwillig unterworfen und Gelegenheit zur vollständigen Durchleuchtung ihres Personalangebots gegeben. Das ist eine Strategie zur abstrakten Aufmerksamkeitsgewinnung, aber keine zur thematischen Neuprofilierung. In der Folge ist das Zwangsläufige passiert: Wer selbst zwar Kommunikationsanlässe, aber keinen überzeugenden Frame liefert, der fällt aus dem gewünschten Rahmen und wird von medialen Geschichten eingefasst, die er strategisch nur noch begrenzt beeinflussen kann. Medien erzählen dann die Geschichten, die sich anbieten und die auf der leichter zugänglichen und verwertbaren Politics-Ebene liegen. Und in den sozialen Medien lassen sich so ebenfalls keine positiven Trends schaffen.

Jedenfalls steckt – so viel sollte aus den zurückliegenden Wahlkämpfen gelernt sein – in der Fokussierung auf soziale Gerechtigkeit allein kein Ansatzpunkt zur Revitalisierung der Volkspartei SPD. Sie verlagert die grundlegendere Frage nach dem gesellschaftlichen Zusammenhang in einen Diskurs über individuelle Rechte gegenüber dem Staat als dem Träger einer Umverteilungspolitik. Und sie führt in einen Frame, in dem nur die Radikalisierung zur plausiblen Strategie des Wiederaufbaus wird. Dabei wäre es viel sinnvoller, an einer Neubegründung von Mitte-links-Positionen zu arbeiten, statt in alten Frames immer extravaganter zu werden.

Es finden sich zwar viele als sozial ungerecht wahrgenommene Zustände in unserer Gesellschaft, aber der Unmut darüber lässt sich angesichts anderer Konflikte und angesichts der Rolle der SPD in den zurückliegenden Sozialstaatsreformen kaum als unterstützende Ressource mobilisieren. Die SPD wird in Hinsicht auf soziale Gerechtigkeit offensichtlich immer noch als Konfliktpartei wahrgenommen – nur leider auf der falschen Seite. Außerdem wird der Gerechtigkeitsdiskurs von einem Teil der der SPD zugeneigten Milieus durchaus als materielle Bedrohung empfunden, weil die notwendige Umverteilung der materiellen Ressourcen und Chancen auch als Einschränkung der eigenen Lebensperspektiven gesehen wird. Die schon in den achtziger Jahren als notwendig erachtete Integration unterschiedlicher sozialer und ästhetischer Milieus in einer politischen Partei verliert so immer mehr an Plausibilität und damit auch an Zustimmungskraft, weil die klassischen Arbeitnehmerschichten sich durch die Konsequenzen der Sozialreformen in ihrer Absicherung selbst bedroht fühlen, während die aufstiegsorientierten urbanen Milieus durch Umverteilungspläne ihren individuellen Wohlstand potenziell beeinträchtigt sehen. Die Frage nach der sozialen Gerechtigkeit, hinter der immer der gesellschaftliche Vergleich steht, wer zu viel hat und wer zu wenig, bringt insofern für sich allein genommen nicht genug unterstützendes Potenzial, um die SPD als Volkspartei glaubwürdig wiederzubeleben. Die SPD muss ihre inhaltliche Programmatik, ihre Frames und Narrative und ihre kommunikative Haltung grundsätzlich hinterfragen, um wieder in eine veränderte Ausgangslage zu kommen.

Ausgangspunkt könnte neben einem gestaltenden Modernisierungsnarrativ die präzise Frage nach jenen demokratiepolitischen Sorgen sein, die Biess in seinem Buch als eine Ressource der Sicherung unserer freiheitlichen Demokratie identifiziert: »Lieber sollten wir uns gut überlegen, wovor wir uns ängstigen wollen. Denn diese Ängste könnten in der Tat die Zukunft verhindern, die sie imaginieren.«[60] Eine in dieser Weise an den Problemen der Gegenwart anschließende und zukunftsgestaltende Politik wäre ein Ansatz zur Wiederbelebung einst stolzer Volksparteien.

DER WIEDERAUFBAU

Ein spezifischer Rahmen, der Dringlichkeit aus Besorgnis ableitet, ein überzeugendes Narrativ und eine klare Ansprache in einer weitgehend klar konturierten Rolle – das sind die hervorstechenden Merkmale der aktuell prägenden politischen Erzählungen. Sie markieren insofern zugleich auch die Herausforderungen, denen sich die Revitalisierung einer diskursfähigen sozialdemokratischen Volkspartei stellen muss, und auf die sich die folgenden Überlegungen zum Wiederaufbau des Typus der Volksparteien exemplarisch konzentrieren. Auch wenn es in der aktuellen bundespolitischen Lage der Partei kaum zum Ausdruck kommen mag, weil es durch andere organisations- und personalpolitische Debatten verdeckt wird, verfügt die Sozialdemokratie nach wie vor über alle politischen Voraussetzungen und Fähigkeiten, um einen Platz als führende Gestaltungskraft im bundesdeutschen Parteiengefüge einzunehmen. Das zeigt nicht nur der Blick auf die kontinuierlich verlässliche Regierungsarbeit der sozialdemokratischen Kabinettsmitglieder in der Bundesregierung, sondern mehr noch die Leistung jener sozialdemokratisch geführten Landes- oder Stadtregierungen, an deren programmatischer und pragmatischer Arbeit sich ablesen lässt, welche Beiträge soziale und demokratische Politik zu einer guten Gesellschaft leisten kann.

Wer zum Beispiel nach Hamburg sieht, der kann entdecken, wie dort etwa bereits 2011 das heute allerorten virulente Thema Wohnungsbau konsequent ins Zentrum gestellt wurde, um mit den Herausforderungen einer wachsenden Stadt Schritt zu halten. Es ist die klare Vision einer modernen Zukunftsmetropole für alle, die die Politik des sozialdemokratisch geführten Senats seit 2011 prägt. Ordentliches Regieren, Pragmatismus und Professionalität, bezogen auf ein klar konturiertes Gemeinwesen und getragen von Verantwortungsbewusstsein und klaren Werten – das ist eine, vielleicht *die* erfolgversprechende Strategie der SPD.

Nicht umsonst verweisen viele politische Beobachter immer wieder auf die zahlreichen sozialdemokratischen Politikerinnen und Politiker, die vor Ort Verantwortung übernehmen und ganz praktisch das Land und seine Gesellschaft gestalten helfen. In ihnen sehen nicht wenige eine Ressource beim Wiederaufbau der Volkspartei SPD. Allerdings darf dabei nicht außer Acht gelassen werden, dass sich das politische Geschehen zwischen den konkreten Problemlösungsstrategien vor Ort und dem oftmals eher abstrakt-strategischen Politisieren in der Hauptstadt erheblich unterscheidet. Es spielt eine Rolle, ob ein Problem und auch seine Lösung konkret fassbar sind, oder ob es um abstraktere Vorschläge geht, denen nur zustimmt, wer ihre programmatische Begründung teilt und Vertrauen in ihre wirksame Umsetzung hat. Während ein gutes Verkehrs- oder Standortkonzept vor allem vom alltagsrealistischen Common Sense kompetenter Politikerinnen und Politiker bestimmt wird, bedarf es in der bundespolitischen Auseinandersetzung neben der handwerklichen Kompetenz des guten Regierens immer wieder auch des strategischen Weitblicks und der kommunikativen Kraft, ein inhaltliches Narrativ zu formen und zu erzählen, das sich nicht nur innerhalb öffentlicher Diskurse mit guten Argumenten durchsetzt, sondern das als Zukunftsgeschichte und in unterscheidbarer parteipolitischer Programmatik auch Bindung und Motivation erzeugt. Ohne diese kommunikativen Ressourcen sind Zustimmung und gesellschaftliche Mehrheiten als Voraussetzungen für ein bundespolitisches Regierungsmandat kaum mehr herbeizuführen.

Deshalb greift es auch zu kurz, wenn gesagt wird, es reiche aus, den kommunalpolitischen Pragmatismus der Partei auf die Bundesebene zu verlängern. Daneben braucht es auch strategische – und, ja auch, intellektuelle – Kompetenz, die die Partei anschlussfähig macht an gesellschaftliche Grundströmungen und ihr die Kraft verleiht, sich an Gegebenheiten nicht nur anzupassen, sondern diese im Sinne einer wertebezogenen Sicht der Welt zu verändern. Eine Mitte-links-Partei zu sein, bedeutet schließlich nicht, die Mitte statistisch zu erheben und dann auf die Bedürfnisse dieser Mehrheit hin optimierte politische Angebote zu formulieren, sondern es geht darum, einen politischen Kern als Mitte der Gesellschaft zu definieren und dann um Zustimmung zu dieser Programmatik zu werben, mit dem Ziel, die Mitte um diesen programmatischen Pol herum zu schaffen.

Dazu braucht eine erfolgreiche Partei nicht nur eine klare Analyse des aktuellen gesellschaftlichen Zustandes, sondern auch das unbedingte Selbstvertrauen in die eigene politische Kraft zur Veränderung und Verbesserung der Verhältnisse. Genau hieran gebricht es im Moment beiden ehemals großen Volksparteien. Sie haben die Zuversicht verloren, dass sie das Primat demokratischer Politik durchsetzen bzw. in Kenntnis der komplexen Differenzierung unserer Gesellschaft so zum Einsatz bringen können, dass ethische Regelsetzung und politische Zieldefinitionen nicht von vornherein wie naive Suggestionen einstiger Handlungsmacht wirken müssen. Daraus folgt ein sehr konservatives Bild politischer Gestaltungsmöglichkeiten, das sich mit einer gesamtgesellschaftlichen Lage deckt, in der sich progressive Überlegungen nur in Randbereichen finden: entweder als Bedrohung wie in der neoliberalen Modernisierungsideologie, oder reduziert auf die Singularität von Lebensstil- und Habitusfragen, die sich in einer hohen Affinität für Ästhetik und Neue Medien ausdrücken. Dieser Lebensstil-Avantgardismus vermag einem im Kern konservativen Milieu einen modernistischen Anstrich geben, politisch programmatische Relevanz entfaltet er jedoch nur selten, sondern bemäntelt allenfalls einen allgemeinen Zukunftspessimismus und den daraus folgenden Eskapismus in die »›kleinen Erzählungen‹ des (privaten) Erfolgs und des (privaten) guten Lebens«.[61]

Weitgehend ungehört verhallen in dieser melancholischen Melange jene politischen Stimmen, die auf die klassische große Erzählung setzen, dass ein moderneres Land und ein besseres gesellschaftliches Leben denkbar und möglich sind – und dass politisch-demokratisches Gestaltungshandeln auf die Realisierung dieser Wahrscheinlichkeit mindestens einen Einfluss haben kann. Die öffentliche Debatte ist oftmals ängstlich und verzagt, der politische Diskurs jenseits der Zuspitzungen der Neuen Rechten und der Klimaschützer merkwürdig gelähmt. Der einstmalige gesellschaftliche Konsens, dass alle dafür arbeiten, dass es ihre Kinder einmal besser haben werden, ist zerbrochen. In der Folge taumelt das Land wie beschrieben von Angstdebatte zu Angstdebatte, und die demokratischen Institutionen rutschen immer tiefer in die Krise, weil sie nicht den Eindruck erwecken, gegen die angsterzeugenden Probleme eine strategische Lösung entwickeln zu können. Das öffnet denjenigen politischen Akteuren und Bewegungen Tür und Tor, die sich auf eines dieser Angstszenarien konzentrieren und mit Vehemenz politisches Handeln einfordern. Sie erhöhen so – in Teilen durchaus berechtigt – weiter den Druck auf die klassischen politischen Akteure, verschärfen aber zugleich auch den Eindruck, dass diese unfähig wären, etwas gegen die vermeintlich oder tatsächlich objektiven Probleme zu tun.

Hier anzusetzen ist eine der Kernaufgaben, denen sich jede Partei stellen muss, die für sich den Anspruch erhebt, die Politik des Landes mitgestalten und Verantwortung auch in der Regierung übernehmen zu wollen. Ausdrücklich will ich in den folgenden Überlegungen keine konkreten inhaltlichen Vorschläge zur künftigen Konturierung sozialdemokratischer Policies unterbreiten, wie es zum Beispiel der Ökonom Paul Collier in seinem anregenden *Manifest gegen den Zerfall unserer Gesellschaft* skizzenhaft getan hat.[62] Im Sinne eines programmatischen und kommunikativen Neustarts werde ich zunächst Vorschläge zu den weit grundlegenderen Vorstellungen, Frames, Narrativen und kommunikativen Haltungen formulieren, auf deren Grundlage dann konkrete Handlungsvorschläge erfolgreich erarbeitet werden könnten. Diese Reihenfolge ist mir wichtig, um den üblichen politischen Reflex zu verhindern, sich sofort am Konkreten festzuhaken, bevor die normativen Grundlagen geklärt sind. Hier werden an dieser Stelle also zwangsläufig und beabsichtigt erhebliche Leerstellen verbleiben, die nach der Klärung der Grundsatzfragen in der weiteren Debatte auszufüllen wären.

SOLIDARITÄT ALS RAHMEN

Angesichts der aktuellen Zuspitzungen in der politischen Diskurslandschaft stehen zunächst grundlegende Framing-Aufgaben im Zentrum einer Revitalisierungsstrategie der SPD als Volkspartei: Zum einen kann sie an die durchaus virulente Angst um die Zukunft der Demokratie anschließen und sich als die Partei anbieten, die den demokratischen Diskurs einer vielfältigen Gesellschaft nicht nur aushält, sondern aus voller Überzeugung organisiert, weil sie an die Vernunft in der Vielheit ihrer Stimmen ausdrücklich glaubt. Und zum anderen kann sie anschließen an die Sorge vor einem sozialen Statusverlust aufgrund der vielen tiefgreifenden ökonomischen, technologischen und sozialstrukturellen Veränderungen unserer Zeit. Diese beiden Perspektiven, die demokratische und die soziale, finden ihre Klammer in einem Zusammenhaltsframe, der sich eng anschließt an den sozialdemokratischen Grundwert der Solidarität. Während das 19. Jahrhundert im Zeichen des Kampfes um die Freiheit stand und das 20. Jahrhundert von Konflikten um die gerechte Verteilung von Teilhabe und Ressourcen geprägt war, wird im 21. Jahrhundert zunehmend die Frage nach dem gesellschaftlichen Zusammenhalt angesichts interner Heterogenität und externer Fliehkräfte ins Zentrum rücken.

Andreas Reckwitz hält daher eine »zumindest provisorische ›Rekonstitution des Allgemeinen‹ innerhalb einer Gesellschaft der Singularitäten« für ein entscheidendes politisches Projekt, das möglich würde, wenn »das Soziale mit Blick auf Fragen sozialer Ungleichheit sowie des Arbeitsmarktes *und* das Kulturelle mit Blick auf die Sicherung allgemeiner kultureller Güter und Normen« gleichermaßen politisch in den Blick genommen werden würden.[63] Aus dieser Vermittlung zwischen sozialen und kulturellen Fragen allein entsteht sicherlich noch kein neuerliches politisches Primat, aber es lässt sich sehr wohl annehmen, dass auf diese Weise allgemeine Bezüge zwischen derzeit hyperkulturell singularisierten gesellschaftlichen Bereichen entstehen könnten, weil ein Bezugs-, Verhandlungs- und Diskursraum zwischen diesen besonderen Positionen entstünde, der Gemeinsinn potenziell befördern kann. Auf diese Weise ließe sich ein allgemeiner Rahmen des sozialen Zusammenhalts als Grundlage demokratischer Gestaltungsfähigkeit auch in einer vom sozialen Wunsch nach besonderer Vereinzelung geprägten Gesellschaft plausibel begründen.

Die SPD, auf deren Gründungsbanner die Losung »Einigkeit macht stark!« stand, kann sich dieser Aufgabe in einer reichen historischen Tradition als kompetenter Träger des Zusammenhalts als Grundlage demokratischer Freiheit und sozialer Gerechtigkeit mit erheblicher Souveränität nähern. Und sie sollte dies tun, wenn sie über den Frame Solidarität zu einem sie auch distinguierenden Narrativ finden will.

Der Soziologe Heinz Bude hat mit *Solidarität* jüngst ein Buch über die Zukunft der »großen Idee« vorgelegt, das anknüpft an einer Kultur der Solidarität, die sich im sozialdemokratischen Vereins- und Parteiwesen über lange Jahre finden ließ. Bude faltet kenntnis- und facettenreich die verschiedenen Dimensionen dieses schillernden Konzepts aus, das sich nicht durch Institutionalisierung oder Verrechtlichung sichern lässt, sondern zu jenen fragilen Ressourcen gehört, auf denen moderne Gesellschaften gründen, deren Reproduktion sie aber immer wieder neu ermöglichen müssen: »Solidarität berührt mein Verständnis von Zugehörigkeit und Verbundenheit, meine Bereitschaft, mich den Nöten und dem Leiden meiner Mitmenschen zu stellen, und mein Gefühl der Verantwortung und Bekümmerung für das Ganze«, schreibt Bude, und weiter: »Auf Solidarität pfeift, wer nur an sich glaubt, Solidarität entbehrt, wer die anderen ihrem Schicksal überlässt, und Solidarität ist ein Fremdwort für Menschen, denen der Zustand des Gemeinwesens gleichgültig ist.«[64]

In modernen Gesellschaften werde Solidarität als Prinzip zunehmend infrage gestellt und geschwächt – einerseits, weil die Verrechtlichung sozialer Ansprüche des Einzelnen gegen den Staat den Zusammenschluss und die wechselseitige Verbundenheit in ihrer Funktionalität relativiere, und andererseits, weil die Individualisierung dazu führe, dass sich immer mehr Menschen aus solidarischen Gemeinschaften herauslösen und die Verantwortlichkeit für ihr Leben auf die eigenen Schultern nehmen wollen, um nicht als hilfsbedürftig gelten zu müssen. Dies gehe einher mit der Entwicklung neuer Arbeitnehmermilieus, in denen weniger die Gruppensolidarität der Fabrik oder die soziale Struktur eines Büros den Ausschlag gäben, sondern prekäre und fluide Arbeitsverhältnisse in zunehmender Selbstständigkeit, gleichsam das »Ideal der Selbstsozialisation in Eigenbetrieblichkeit«,[65] den Arbeitsmarkt prägten.[66] Die Hyperindividualisierung in manchen Milieus schwäche den Zusammenhalt. »Singularitätskenntnis wird zur Grundlage von Solidaritätsverweigerung«,[67] schreibt Bude und benennt damit knapp jenen Mechanismus, der in unseren Gesellschaften einen tiefen Keil treibt zwischen diejenigen, die sich auf sich selbst gestellt gut zurechtfinden, und jene, die neue solidarische Strukturen suchen, die ihnen jene Nähe und Geborgenheit vermitteln, die staatliche Gerechtigkeitspolitik nicht imstande ist zu gewährleisten. Diese Solidaritätsangebote aber kommen heute meistens von rechts, während der Linken zur Solidarität nicht genug einfällt – offensichtlich auch weil sie Angst hat, die Freiheits- und Vielfaltsversprechen einschränken zu müssen, denen sie sich mittlerweile zugewandt hat. Es ist daher eine zentrale Aufgabe einer Volkspartei der linken Mitte zu beschreiben, wie gerade die Freiheit des Einzelnen zur Einsicht in die Sinnhaftigkeit solidarischen Handelns befähigt. Hierin, in der Wiederbelebung der Solidarität als einer progressiven, linken politischen Ressource, liegt eine der zentralen Aufgaben, denen sich die Sozialdemokratie im 21. Jahrhundert stellen muss, wenn sie die Vermittlung des Gefühls der Geborgenheit in einer Gruppe nicht den Rechten überlassen will.

Bereits in ihrem Namen trägt die SPD mit der Benennung der beiden Dimensionen Soziales und Demokratie den Hinweis darauf, dass es ihr um einen Ausgleich der Ungerechtigkeiten innerhalb einer Gesellschaft geht, der durch ein demokratisches Miteinander gewährleistet werden kann. Dazu braucht es Solidarität, denn die »Frage des gerechten Zusammenlebens ist von der Frage des belastbaren Verbundenseins in Wirklichkeit nicht zu trennen«, so Heinz Bude.[68] Grundlegende Voraussetzung dieses Politikansatzes ist es, dass sich eine Gesellschaft auch als Gesellschaft begegnet und begreift, dass sich politische Gestaltungsmacht nicht aus der Aggregation vieler individueller Einzelhandlungen und -meinungen ergibt, wie es ein pluralistisches Konsumentenmodell der Politik nahe legt, sondern dass politische Programmatiken im Diskurs zwischen den verschiedenen Meinungen und Interessen einer Gesellschaft entstehen. So verstanden kann die Sozialdemokratie ihr Heil aktuell vor allem in einer radikalen kommunikativen Offenheit suchen, in der sie fernab strategischer und taktischer Verengungen die Kommunikation mit der Gesellschaft zu einem programmatischen Kernanliegen macht.

Auf der grundsätzlichen Framing-Ebene geht es schließlich neben den konkreten thematischen Zuspitzungen durch Vielfaltskritik oder den Kampf ums Klima vor allem um die Frage, wie Solidarität und Zusammenhalt einer komplexen, vielfach ausdifferenzierten und kaum mehr von einem Standpunkt aus zu überblickenden Gesellschaft organisiert werden können, wie also Bürgerinnen und Bürger zu dem Gefühl gelangen, Teil von etwas Gemeinsamem zu sein, das sie durch Handeln und Initiative mitprägen und in seiner Gestaltung mitbestimmen können. Wie bereits ausgeführt, sind auch die beiden aktuell erfolgreichsten diskursiven Positionen eng mit konkreten materiellen Antworten auf diese Fragen verknüpft. Der neurechte Frame spricht diese Solidaritäten direkt und unumwunden an, indem er Exklusionsstrategien zur Grundlage seiner Politikformulierung und die legitime Zusammensetzung des teilhabe- und absicherungsberechtigten Staatsvolks zum Gegenstand politischer Programme macht. Diese sozial fundierte, aber kulturell eingekleidete Wiederkehr des ehemals gesellschaftsinternen Frames »Wir gegen sie« funktioniert durch die scharfe Abgrenzung von den vermeintlich Andersartigen und soll so die Solidarität der nationalstaatlichen Insider stärken.

Der Klimaschutz-Frame wiederum wählt eine eher abstrakte Frontstellung zwischen lebensweltlicher Betroffenheit und systemischen Entgleisungen zum Ausgangspunkt. Er beschreibt, wie ökonomische und machtpolitische Systemlogiken weit in die sensiblen lebensweltlichen und natürlichen Grundlagen unseres Zusammenlebens eindringen, und versucht deshalb, alle gegen diese Übergriffe zu mobilisieren, um den Schutz einer fragilen Natur zu gewährleisten. Hier wird nicht eine enge, kulturell homogene Nation zur Schicksalsgemeinschaft, sondern in letzter Konsequenz die gesamte Menschheit. Sich in diesem Kampf für den Erhalt ihrer Lebensgrundlagen einzubringen, erscheint als gattungsgeschichtliche Pflicht – und kann folglich sowohl über verantwortliches Konsumentenhandeln als auch durch politisch diskursive Initiative geleistet werden. Das hier entwickelte Solidaritätsgefühl verbleibt aber jenseits konkreter Erlebnisse abstrakt, weil es kaum einer spezifischen Gruppe zuzuordnen ist. Es ist daher vor allem als Sinnressource in polyglotten urbanen Milieus aktualisierbar, während es in vielen anderen Milieus aufgrund seines fehlenden Bezugs zu einer abgegrenzten und zu integrierenden einzelnen Gruppe kaum zur Mobilisierung solidarischer Ressourcen geeignet ist. Hier hilft allenfalls der beiden Frames gemeinsame Gestus, dass die Politik, die aktuell in der Verantwortung steht, in der Bearbeitung der doch so offensichtlich auf dem Tisch liegenden Herausforderungen versagt habe.

Die Chance eines sozialen und demokratischen Politikansatzes bestünde nun darin, die gesellschaftliche Solidarisierung nicht gleichsam als Nebenprodukt einer inhaltlichen Auseinandersetzung entstehen zu lassen, sondern sie in ihrem Facettenreichtum selbst zur politischen Gestaltungsaufgabe zu machen. »Um in einer Weise zu funktionieren, die jedem ermöglicht, ein erfülltes, gelingendes Leben zu führen, braucht eine Gesellschaft ein starkes Gefühl gemeinsamer Identität«, schreibt Paul Collier in seinem kommunitaristisch begründeten Buch über sozialen Kapitalismus. »Die relevante Frage lautet nicht, ob das wahr ist: Jene, die den Stellenwert des sozialen Zusammenhalts leugnen, sind genauso töricht wie die Leugner des Klimawandels.«[69]

Aus einer konservativen Perspektive heraus hat auch der Historiker Francis Fukuyama kürzlich dafür plädiert, Fragen sozialer und kultureller Identität und Zugehörigkeit neu in den Blick zu nehmen, um die Bearbeitung der Herausforderungen im Umgang mit wachsender Diversität, Heterogenität und Komplexität unserer Gesellschaft in einer sich gegenseitig anerkennenden Gemeinschaft zu erleichtern.[70] Er beschreibt, wie sich politisierte gesellschaftliche Gruppierungen auf immer spezifischere, individuell gelebte Erfahrungen gründen und dass ihre jeweils auf die Anerkennung der eigenen Identität bezogene Perspektive den Bezug zum gesellschaftlichen Ganzen verstellt. Die Folge ist eine Gesellschaft, in der die kleinteiligen Anerkennungskämpfe zur Dissoziation des Gemeinsamen führen und so eine an legitimen Mehrheiten orientierte Demokratie zunehmend unmöglich machen. Dieser empirische Befund zieht größere Herausforderungen an die Integrationskraft einer übergreifenden demokratischen Identität nach sich, die sowohl dem individuell Einzigartigen als auch der in einer spezifischen Erfahrung vereinten Kleingruppe die Gelegenheit zum Bezug auf das Gemeinsame der aufgeklärten und offenen Gesellschaft ermöglicht.

Sich der Gewährleistung einer erneuerten Solidarität unter den Menschen, die an einem Ort zusammenleben, weder ideologisch noch populistisch, sondern pragmatisch zu widmen, entspräche als politische Aufgabe gleich in mehrerlei Hinsicht dem historischen Auftrag der Sozialdemokratie und der Komplexität der aktuellen Herausforderungen unserer Gesellschaft. Im Hinblick auf die Fragmentierungen des derzeitigen öffentlichen Zeitgesprächs ist es schließlich entscheidend, jene gesellschaftlichen Institutionen zu sichern, an denen sich Gemeinwohlvorstellungen kristallisieren und begründen können. Wenn mediale Zusammenhänge zunehmend weniger in der Lage sind, diese vermittelnde Aufgabe zu übernehmen – weil journalistische Ressourcen geschwächt werden und neue digitale Angebote eher auf datenbasierte individuelle Relevanzen fokussieren –, kommt einer modernen Volkspartei wieder stärker jene Aufgabe zu, die sie in früheren Zeiten bereits zu leisten hatte: das Zusammenführen und Bündeln unterschiedlicher Ansichten und Interessen in einem offenen Meinungsbildungsprozess über Milieugrenzen hinweg.

Der integrierende Rahmen eines derartigen Parteienverständnisses wäre dann ausdrücklich nicht eine Menge aus einzelnen Positionierungen zu verschiedenen gesellschaftlichen Herausforderungen, sondern eine grundlegende Werte-Kommunikation, die über klar artikulierte und auch im politischen Habitus eindeutig verkörperte normative Grunddispositionen zum Ausdruck kommt. Natürlich reicht es auch nicht aus, diese Werte bloß Mantra-artig zu beschwören, wie es in zurückliegenden Wahlkämpfen mit der »sozialen Gerechtigkeit« regelmäßig vorgeführt worden ist. Stattdessen geht es darum, aus den Grundwerten konkrete Politiken zu entwickeln und diese immer wieder auch auf sie zurückzubeziehen. Die politische Kommunikation der SPD müsste sich daher in einem viel radikaleren Sinne als bisher normativ begründen, bevor sie zu konkreten Einzelvorschlägen kommt. Nur so kann sie verhindern, dass die vielen zweckmäßigen Einzeloptimierungen im Getriebe des Sozialstaats lediglich als *social engineering* wahrgenommen werden. Es lohnt, sich den alten Satz Helmut Schmidts noch einmal ins Gedächtnis zu rufen, der auf die Vorhaltungen, sein an Kant und Popper geschulter Pragmatismus sei theorielos (und damit nach Ansicht seiner Kritikerinnen und Kritiker auch wertlos), geantwortet hat, dass Politik für ihn »pragmatisches Handeln zu sittlichen Zwecken« sei.[71] Mit der Benennung dieser sittlichen Zwecke wäre auch heute noch ein wichtiger erster Schritt gemacht. Ein zweiter müsste folgen, der in der Begründung dieser Zwecke dazu führen könnte, das Bild der politisch herbeizuführenden guten Gesellschaft zu beschreiben und normativ aufzuladen.

Ganz offensichtlich sind die Zeiten vorbei, in denen das bundesrepublikanische Pathos der Nüchternheit aus sich selbst heraus Zustimmung zu guter Regierungspolitik erzeugt hat. Dies kann man beklagen, oder man kann sich als Partei der Herausforderung stellen und einen gleichermaßen normativ wie emotional anschlussfähigen Begründungszusammenhang seiner Politik liefern, der sich in einer gemeinsam zu erzählenden Geschichte verdichtet und dabei eine sich im Zusammenhalt findende Gesellschaft zum Ausgangspunkt des Nachdenkens über die Zukunft der Demokratie und des Sozialen macht.

Der besondere Charme dieser normativen Programmatik liegt darin, dass ihre Entwicklung mit einer Stärkung ihrer Ressourcen einhergeht. Anders zu reden und zu debattieren, schafft bereits einen Teil jener gesellschaftlichen Wirklichkeit, die progressive Politik zum Ziel haben sollte. Diese immanente und performative Qualität sozialdemokratischer Politik ist keine überflüssige Tautologie, sondern kann ganz im Gegenteil eine der zentralen Kraftquellen in den Auseinandersetzungen um gesellschaftliche Mehrheiten sein. Allerdings setzt das voraus, dass die innerparteiliche Diskurskultur dieses Argument stützt und nicht konterkariert. Eine Partei, die von Solidarität redet und sich gleichzeitig in internen Machkämpfen zerlegt, dürfte es schwer haben, mit ihrer politischen Geschichte in der Öffentlichkeit durchzudringen.

Ein konsequenter politischer Frame des Zusammenhalts setzt nicht nur an dem nach wie vor deutlich ausgeprägten Harmoniebedürfnis der bundesdeutschen Wählerinnen und Wähler an, sondern er adressiert vor allem auch zwei der aktuell ganz besonders unter Druck stehenden Ressourcen und könnte einen eher verfahrensbezogenen Beitrag zur Reduktion gesellschaftlicher Komplexität leisten.

Zum einen ließe sich mit dem Zusammenhalts-Frame die Frage nach dem legitimen Zugang zur Teilhabe am Haben und am Sagen in unserer Gesellschaft neu beantworten. Nicht wenige politische Beobachter raten der sozialdemokratischen Partei ja aktuell und ganz besonders nach dem Wahlerfolg ihrer migrationskritischen dänischen Schwesterpartei, die Antwort bezüglich der Zugehörigkeit zum Wir unserer Gesellschaft enger zu fassen, als es bislang der Fall ist. Dahinter steckt der richtige Gedanke, die verloren gegangene Rolle als »Schutzmacht der kleinen Leute« wieder zu erlangen. Allerdings muss die SPD aufpassen, dass sie dabei nicht ihre in Europa beinahe einzigartige programmatische Kombination von gesellschaftlicher Liberalität und sozialer Sicherheit gefährdet. Sie muss in einer auf den gesellschaftlichen Zusammenhalt bezogenen Politik vielmehr entscheidende, auch angstbesetzte Themen klar und eindeutig adressieren, um zu verdeutlichen, dass aus der Verbreiterung der Teilhabe allein noch keine Relativierung der Rechte folgt, über die andere schon seit längerem verfügen. Dies kann gelingen, wenn man dem Ansatz Paul Colliers zunächst folgt und wieder stärker auf die »positiven Effekte der Reziprozität innerhalb einer Gemeinschaft«[72] setzt, mithin auf jene horizontalen Verflechtungen von Rechten und Pflichten innerhalb einer Gesellschaft, die sich nicht nur als individuelle Ansprüche an einen gewährleistenden Staat richten, sondern die Ergebnis quasi genossenschaftlicher Vereinbarungen mit den Mitbürgerinnen und Mitbürgern sind. Die Grundlage dafür liegt in der Conditio humana und ist auch entsprechend grundsätzlich zu adressieren: »Wir sind soziale Wesen, weder Homo oeconomicus noch altruistische Heilige. Wir sehnen uns nach sozialer Wertschätzung und Zugehörigkeit, und diese beiden untermauern unsere moralischen Werte.«[73]

In der aktuellen gesellschaftlichen Lage geht diese grundlegende wechselseitige Bezogenheit aufeinander ganz offensichtlich zurück, insbesondere sinkt die Bereitschaft der Bessergestellten, die weniger Glücklichen und Erfolgreichen solidarisch zu unterstützen. Stattdessen, so Collier, würde die Gewährleistung gerechter Lebensverhältnisse in verrechtlichte Beziehungen des Einzelnen zum Staat transferiert und somit die horizontale Solidarität innerhalb einer reziprok einander verpflichteten Gruppe geschwächt. Es ist deshalb eine gesellschaftspolitisch höchst relevante Frage, wie wir das Gefühl der wechselseitigen Verantwortung füreinander innerhalb einer Gesellschaft erhalten und so eine solidarische Mitte als Kristallisationspunkt gesellschaftlicher und politischer Gestaltung schaffen.

Dies wird nicht leichter in einer Gesellschaft, deren soziale und kulturelle Vielfalt zunimmt. Aber es ist möglich. Deswegen geht es nicht darum, Vielfalt zu reduzieren. Natürlich konstituiert sich Gesellschaftlichkeit aus jenen, die zu einem Zeitpunkt Teil der zusammenlebenden Gruppe sind. Aber genauso natürlich hat die Gesellschaft das Recht und auch die Pflicht, sich Regeln des vernünftigen Zusammenlebens zu geben und diese – unter Wahrung präziser Minderheitenrechte – durchzusetzen. Entscheidend für die Akzeptanz einer offenen Gesellschaft ist, dass die gemeinsam vereinbarten Regeln eingehalten und Verstöße sanktioniert werden. Nur dann entsteht jene Verhaltens- und Erwartungssicherheit, die der Einzelne braucht, um vertrauensvoll in Beziehungen mit Fremden einzutreten. Dass die Regeln unserer Gesellschaft auf die Wahrung ihrer Offenheit gerichtet sind, ist auch ein Verdienst sozialdemokratischer Politik und sollte Ansporn sein, hier einen normativen Pflock zu rammen und mit Verve auch in den klassischen Milieus, die derzeit noch skeptisch sind und sich in Teilen in ihrem Status bedroht fühlen, um Zustimmung zu werben. Das wäre der geeignete Weg, um einer sozialdemokratischen Verantwortung mit Blick auf das neurechte Homogenitätsnarrativ gerecht zu werden und ihm nicht auf den identitätspolitischen Leim zu gehen.

Hier besteht die Herausforderung für die Sozialdemokratie in einer grundlegenden Veränderung des Framings, damit Heterogenität, Vielfalt und gesellschaftliche Offenheit nicht als Schwächen, sondern als Stärken des Zusammenhalts einer Gruppe gesehen werden können. Die SPD wäre falsch beraten, wenn sie die Solidarität gegen die Liberalität ausspielen würde. Sie braucht die aufklärerische Zuversicht, dass sich Zusammenhalt auch aus und in Vielfalt entwickeln kann.

Es wird darauf ankommen, die Ressourcen, die im *Hoffnungsland*[74] (so der Titel des 2017 von Olaf Scholz publizierten Buches) Deutschland stecken, zum Wohle aller zu heben und zu nutzen. Dass nämlich auf einmal Menschen aus der ganzen Welt nach Deutschland kommen, weil sie bei uns leben und hier ihr Glück finden wollen, ist für unsere Gesellschaft eine sozial-emotional völlig neue Erfahrung, die wir verarbeiten müssen, um zu erkennen, welche Kraft, Leidenschaft und Kompetenz in denen liegt, die derart motiviert zu uns kommen, um Teil unserer Gesellschaft zu werden.

Es kommt darauf an, dass die Vielen und die Verschiedenen, die in unserer Gesellschaft leben und die ihren Charakter prägen, sich auch als eine Gemeinschaft verstehen, deren Mitglieder sich wechselseitig aufeinander beziehen und die durch die Verbundenheit mit und an einem Ort auch eine emotionale Beziehung zueinander aufbauen können.[75] Das ist der auch progressiv anschlussfähige Kern des aktuellen Diskurses über den Begriff »Heimat«. Deshalb reicht es nicht, nur über die Möglichkeiten der Vielfalt zu sprechen, mindestens genauso notwendig ist es aufzuzeigen, wie aus dieser Vielfalt heraus ein gemeinsames Verständnis des Miteinanders in einer freien und offenen Gesellschaft entsteht, das niemanden zurücklässt. Angesichts der vielen Fragen und Verunsicherungen ist es deshalb wichtig, nicht nur über die Freiheit zu sprechen, sondern auch darüber, wie die individuelle Freiheit zur Solidarität und zur Gemeinschaft befähigt. Hierzu bieten sich Überlegungen an, die sich unter dem Begriff »Verfassungspatriotismus« zusammenfassen lassen und sich auf den Stolz auf eine gesellschaftliche Ordnung beziehen, die Freiheit, Offenheit, Vielfalt, Demokratie und Prosperität zu normativen Grundlagen des Zusammenlebens gemacht hat. Politik steht in der Verantwortung, hier die wesentlichen Frames und Narrative zu prägen, um die emotionalen Bedürfnisse nach Solidarität nicht den Rechten zu überlassen.

Die zweite auf den Zusammenhalt gerichtete Aufgabe fokussiert nicht auf die Zusammensetzung der Gesellschaft, sondern auf ihre Fähigkeit zur Selbstorganisation. Aktuell ist in den politischen Debatten immer wieder zu spüren, dass viele Bürgerinnen und Bürger das Vertrauen in die

Handlungskraft demokratischer Politik verloren haben. Im Vergleich zu den Entwicklungen an anderen Orten in der Welt kann man diese Skepsis durchaus verstehen, wenn man sich die Rasanz globalisierter Märkte oder die Transformationsgeschwindigkeit Chinas vor Augen führt. Die Demokratie kommt hier aufgrund ihrer vielfältigen Ausgleichs- und Verhandlungsmechanismen wie im Schneckentempo daher, wirkt wenig ambitioniert in den Ergebnissen und bisweilen fast wie gelähmt. Dabei liegt in ihrer Organisationsform ein gerade im Angesicht der aktuellen Herausforderungen herausragendes Versprechen – nämlich das, dass alle Bürgerinnen und Bürger der Gesellschaft mitbestimmen können, wie sie leben wollen. Und dass diese Vorstellungen mittels eines handlungsfähigen Staates als Instrument der Gesellschaft um- und durchgesetzt werden können. Diese Möglichkeit der Einzelnen, selber Gestaltungsmacht zu besitzen und in Anspruch zu nehmen, spielt oftmals in den diskursiven Polaritäten unserer Zeit eine untergeordnete Rolle. Dabei sind es genau die Verfahren der demokratischen Meinungs- und Willensbildung im Diskurs, die am effektivsten auch langfristig zu einer Reduktion von Komplexität und damit nicht nur zu einem Gefühl echter Teilhabe führen können. Parteien, die sich dieser demokratiepolitischen Aufgabe stellen, die gleichsam das Gelingen und die weitere Verbesserung unserer deliberativen Demokratie mit in den Blick nehmen, arbeiten konkret und praktisch an den Bedingungen allgemeiner politischer Handlungsfähigkeit in der komplexen Gesellschaft des 21. Jahrhunderts.

Auch hier täte der Politik bisweilen etwas mehr normatives Pathos durchaus gut, um die Dimension dieser fortgesetzten Aufgabe besser zu vermitteln. Eine Partei wie die SPD jedenfalls sollte die aktuellen Ängste um die Zukunft der Demokratie ernst nehmen. Diese werden vorrangig von rechts geschürt durch die Forderungen nach einer systematischen materiellen Entkernung der demokratischen Offenheit und nach einer neuerlichen ethnisch begründeten Begrenzung der Teilhabeberechtigten. Aber auch die fortgesetzte Kritik an Regierungen und Parteien, die nicht die klimapolitisch notwendigen Maßnahmen umsetzen und daher nicht die Ergebnisse liefern, derer es gerade jetzt dringend bedarf, setzt den demokratischen Prozess unter (berechtigten) Stress.

Die Demokratie aber nicht bloß an ihren Ergebnissen zu messen, sondern immer auch an der Qualität ihrer Verfahren wird eine Aufgabe für all jene politisch Interessierten sein, die den problematischen Befund der postdemokratischen Entkernung unserer politischen Institutionen ernst nehmen und sie daher mit neuem Leben füllen wollen. Das aus dem Geiste eines gelingenden gesellschaftlichen Zusammenhalts heraus anzugehen, gehört auf die Agenda der stolzen Demokratiepartei SPD. Dabei geht es wiederum um die Sicherung der Solidarität in einer Gesellschaft und die daraus wachsende gemeinsame Identität, wie Paul Collier schreibt: »Gemeinsame Identität wird zur Grundlage weitsichtiger Gegenseitigkeit. Gesellschaften, denen es gelingt, entsprechende Glaubenssätze aufzubauen, funktionieren besser, als solche, die entweder auf dem Idealismus oder auf einer der wiederbelebten Ideologien basieren.«[76]

Beide strukturellen Herangehensweisen an den Frame der Solidarität – die Neubestimmung des sozialen Zusammenhalts und die Kräftigung der Entscheidungsstrukturen einer offenen und inklusiven Demokratie – werden nicht allein durch angstbesetzte Narrative erfolgreich sein. Sie können vielmehr auch direkt an die beiden von Frank Biess benannten positiven emotionalen Ressourcen der Motivation von demokratischer Gestaltungsmacht anschließen: Vertrauen und Empathie.[77] Beides lässt sich nicht in kommunikativen Kurzstreckensprints generieren, sehr wohl aber in einer langfristig angelegten inhaltlichen Strategie. Denn natürlich zielt die Thematisierung des Zusammenhalts in unserer Gesellschaft auf ein empathisches Politikangebot, das auf der Anerkennung jedes einzelnen gesellschaftlichen Mitglieds fußt. Und erst recht kann eine Revitalisierung der Begeisterung für demokratische politische Gestaltung nur gelingen, wenn alle das Vertrauen aufbringen können, dass dabei auch Ergebnisse entstehen, die etwas mit den tatsächlich empfundenen Problemen des Alltags zu tun haben und die in der Umsetzung realistisch bleiben. Die Kongruenz von Werteprogrammatik und konkreten Policies wird hier eine wesentliche Vertrauensressource für die Zukunft sein müssen.

Zukunftsfähig wird ein erneuerter sozialdemokratischer Begriff der Solidarität dann werden, wenn es ihm gelingt, individuelle bürgerliche Rechte und reziproke, solidarische Verantwortung innerhalb einer Gruppe miteinander zu versöhnen. Dass zwischen diesen beiden Konzepten ein tiefgreifender Konflikt liegen muss, wie Paul Collier behauptet, ist nämlich keineswegs ausgemacht. Schließlich kann der Einzelne auch auf Basis seiner Freiheitsrechte zur Solidarität entschlossen sein, um Sinn und Identität in der Erfahrung der gemeinschaftlichen Vielheit seiner Mitbürgerinnen und Mitbürger zu finden. Collier weist zu Recht wiederholt darauf hin, dass es eine Frage überzeugender politischer Narrative sei, die Einsicht in den Sinn der Solidarität zu stärken – gerade freie und ihrer Freiheit bewusste Bürgerinnen und Bürger können dafür ansprechbar sein, wenn sie im Geiste eines Common-Sense-Pragmatismus adressiert und nicht mit den Vulgärplattitüden der Ideologien des Neoliberalismus oder der Verstaatlichung konfrontiert werden.

In der Versöhnung individueller Ansprüche und Freiheitsrechte mit den solidarischen Erfordernissen der Gemeinschaft stellt sich heute auf einer anderen Ebene jene programmatische Herausforderung, die die Sozialdemokratie mindestens seit den achtziger Jahren zu bewältigen hat, seit ihr bewusst geworden ist, dass sie klassische Arbeitnehmermilieus und aufstiegsorientierte urbane Mittelschichten gleichermaßen ansprechen muss, um gesellschaftliche Mehrheiten zu erringen. Die Integrationsleistung zwischen Freiheitsrechten und solidarischer Verantwortung ist damit durchaus vergleichbar.

Anknüpfen kann ein solches Projekt an das Programm der deliberativen Demokratie,[78] das den Fokus auf den Ausgleich der beiden Pole Rechtsstaat und Volkssouveränität legt. Um zu einem solchen Ausgleich zu gelangen, spielt insbesondere das vernünftige öffentliche Gespräch zwischen Bürgerinnen und Bürgern eine Rolle, das neben dem Informationsaustausch auch den Aufbau wechselseitiger sozialer Beziehungen in gegenseitiger Anerkennung und Verantwortung leisten kann. Ein solches kommunikationsbezogenes Verständnis der Demokratie verortet die Solidarität in der Fähigkeit zum Gespräch einer an einem Ort lebenden Gruppe und kann auf diese Weise den notwendigen Gruppenzusammenhalt gleichermaßen offen und inklusiv wie klar konturiert und identitätsstiftend halten. Die solidarische Gruppe ist schließlich kein vorsozial gegebener Zusammenhang, sondern muss im gesellschaftlichen Miteinander vernünftig miteinander sprechender Bürgerinnen und Bürger stets neu geschaffen werden.

Entscheidend ist die Entwicklung eines eigenen und eigenständigen sozialdemokratischen Frames, der zu den offensichtlichen Herausforderungen unserer Zeit passt – zur Zerstörung des gesellschaftlichen Gesprächs, der gesellschaftlichen Mitte, der offenen Gesellschaft, des Planeten und der Zuversicht. Die Suche konzentriert sich mithin auf einen Frame, der den Zusammenhalt in unserer Gesellschaft sicherstellt, ohne ihn zugleich materiell oder aber milieuspezifisch so eng zu fassen, dass er keine Breitenwirkung mehr entfalten kann. Die Kernidee der Mitte ist schließlich »Zusammenhalt ohne Ausgrenzung«[79] und duldet folglich keine strategischen Exklusionserwägungen. »Die Solidarischen machen sich nichts vor, sie finden sich zusammen, um den Beweis zu erbringen, dass wir zusammen weitermachen können und ich nicht aufgeben muss«, schließt Heinz Bude sein Plädoyer für eine revitalisierte Solidarität, das sich nicht nur in dieser Passage wie eine Handlungsanweisung für die Sozialdemokratie liest: »Der wesentliche Satz zur Sache lautet: Man weiß den Gewinn der Solidarität nur zu ermessen, wenn man die Einsamkeit kennt.«[80] Gemeinsam weitermachen im Geiste der Kraft der Solidarität – diese Zuversicht braucht unsere Gesellschaft insgesamt. Eine politische Kraft, die sie vermitteln kann, wäre auch in der Lage, die politische Führungsrolle anzustreben.

ERZÄHLUNG EINES SOZIALEN UND DEMOKRATISCHEN FORTSCHRITTS

Es ist Aufgabe der Politik, das Vertrauen in die eigene Kraft wiederzuerlangen, um auch andere davon überzeugen zu können, dass ein – pathetisch gesprochen – besseres Morgen möglich ist. Dies gelingt dann, wenn anschließend an die Definition der grundlegenden Frames die Arbeit an einer überzeugenden sozialdemokratischen Erzählung aufgenommen wird, die sich auf die zukünftige Gestaltung einer besseren Gesellschaft richtet. Während die Auseinandersetzung mit den neurechten Homogenitätsvorstellungen schon auf der sehr grundsätzlichen Framing-Ebene erfolgen sollte, rücken auf der Ebene des Narrativs vor allem auch die Überlegungen zum fortschrittlichen Umgang mit den Herausforderungen des Klimawandels in den Blick. Es geht darum, ein politisches Angebot zu entwickeln, das die unzweifelhaft notwendigen und drastischen Schritte zum Erhalt der natürlichen Lebensgrundlagen in Beziehung setzt zu anderen Erwartungen an demokratische Politik. Im Ergebnis sollte ein politisches Programm entstehen, in dem die Klimapolitik nicht bloß ein lästiger Annex ist, sondern als treibende programmatische Kraft ernst genommen und in das Bild der künftigen guten Gesellschaft aufgenommen wird. Entscheidend wird dabei sein, sich der Herausforderung zu stellen, demokratische Mehrheiten für dieses Anliegen wirksam zu organisieren und zu stabilisieren, und sich nicht einer *single-issue*-Überhitzung zu ergeben, sondern sie zum integralen Teil einer Gesamtprogrammatik zu machen.

Ein solches Narrativ wird nicht umhinkommen, sich einerseits mit den Herausforderungen der Komplexität unserer Gesellschaft auseinanderzusetzen – und folglich Singularitäten, heterogene Wirkweisen und voneinander getrennte Funktionslogiken einzelner gesellschaftlicher Bereiche als Ausgangspunkt der eigenen Politikformulierung anzuerkennen. Andererseits sollte es gleichzeitig die lebensweltlichen Kommunikationsräume ganzheitlicher Weltbeziehungen ernst nehmen, um eine wertebasierte Perspektive glaubhaft und anschlussfähig zu begründen. Armin Nassehi plädiert daher für eine komplexitätssensible Vernunft, die die vielfältige Gebrochenheit unserer Gesellschaft zur Kenntnis nimmt und sich auf die Suche nach Mechanismen macht, die den Umgang mit der allerorten festzustellenden Perspektivendifferenz ebenso ermöglicht wie gelingende Übersetzungen zwischen den verschiedenen Vernunftbereichen in unserer Gesellschaft. Er beschreibt am Beispiel der vielfach eingerichteten Ethikräte, wie man institutionelle Zusammenhänge schaffen kann, in denen sich eine jeweilige bereichsspezifische Expertise »argumentationsförmig mit anderen Perspektiven auseinandersetzen muss, um die Bedingungen für Entscheidungsprogramme und entsprechende Politikberatung [...] auszuloten«.[81]

Dieses Zusammenbringen differenzierter Perspektiven sei erfolgversprechender als eine neuerliche Entdifferenzierung in einem großen »Wir«, argumentiert Nassehi und polemisiert leidenschaftlich gegen alle politischen, publizistischen oder auch wissenschaftlichen Versuche, einen ganzheitlichen Umbau der Gesellschaft, die individuelle ethische Einsicht in ein besseres Handeln oder aber eine neuerliche Homogenisierung der Komplexität zu beschreiben, um sie zur Grundlage eines gesellschaftlichen Veränderungsprozesses zu machen. Vielmehr sei das Aushalten und Bearbeiten der Differenz die Grundlage einer nicht komplexitätsvergessenen Vernunft – eine Perspektive, in der jenseits der technisch-administrativen Gremien, die Nassehi als Beispiele anführt, auch für den Grundmodus einer Volkspartei viel Kraft liegen kann. Denn auch sie bildet ein institutionelles Arrangement, in dem sich Bürgerinnen und Bürger unterschiedlicher Milieus und unterschiedlicher systemischer Sozialisation mit ihren unterschiedlichen Perspektiven

– und somit in vielfach differenzierter Vernunft – begegnen und gemeinsam üben, vernünftig miteinander zu sprechen.

Für eine Partei kommt es entscheidend darauf an, diese Vielfalt und Komplexität in einer zukunftsorientierten Geschichte und Programmatik zu bündeln. In diesem Vorhaben kann sie sich zu keinem Zeitpunkt eine fiktive Stunde null denken, sondern muss mit den Ressourcen arbeiten, die bereits vorhanden sind. Das gilt erst recht für eine Partei, die wie die SPD eine 156-jährige Geschichte vorzuweisen hat. In ihrer Situation ist es mehr als plausibel, an einer politischen Denkfigur anzuschließen, die die sukzessive und reformerische Verbesserung der Lebensbedingungen und damit auch der systemisch übergreifenden Kommunikation im Blick hat und diese in konkretem politischem Handeln einübt. Entscheidend könnte hierfür eine neuerliche positive Hinwendung zur Idee des Fortschritts als solidarische und demokratische Gestaltung der Zukunft sein.

Aber dieser Rückgriff ist nicht voraussetzungsfrei. Wenn Fortschritt wie derzeit meist auf technologische oder ökonomische Fragen verengt wird, dann erscheint er in der Folge als Bedrohung. Seit den sechziger Jahren nehmen die politischen Lager in Deutschland deshalb eine – gemessen an ihrer Geschichte – spiegelverkehrte Position zum Fortschrittsbegriff ein. Während progressive Linke eine postmaterialistische Kritik an einem vor allem technisch definierten Fortschritt formulieren, verteidigen liberale und konservative Theoretiker die technisch-industrielle Welt als Motor des Fortschritts der Menschheit. Hinzu kommt ein sich zunehmend auch links der Mitte verbreitendes pessimistisches Politikbild. In den letzten Jahren waren die beiden Hauptströmungen innerhalb des Mitte-links-Spektrums skeptisch, was die Gestaltungskraft von Politik angeht: Die vermeintlichen Modernisierer hielten die gesellschaftlichen und globalen Großströmungen für so mächtig, dass Politik sich ihnen bestenfalls geschickt anpassen könne, während die vermeintlichen Traditionalisten Veränderungen am Bestehenden als Rückbau des Erreichten begriffen haben. Bei allen Unterschieden ist beiden Gruppen gemeinsam, dass sie den Glauben an eine positiv gestaltende Politik nicht mehr artikuliert haben.

Das Gefühl, dass Politik nicht mehr gestalten könne, ist auch ein Grund für die bis heute in klassischen sozialdemokratischen Kreisen oftmals negative Wahrnehmung der Sozial- und Arbeitsmarktreformen der Agenda 2010. In deren Kommunikation ist es nicht gelungen zu verdeutlichen, warum es sich dabei nicht um eine Kapitulation vor dem neoliberalen Markt, sondern um eine Weiterentwicklung von Kernprinzipien unserer Gesellschaft unter neuen und gewandelten Umständen handelte, die ihrerseits heute der neuerlichen Weiterentwicklung bedürfen. Mit dieser Geschichte ist die SPD schon in ihren Kernunterstützergruppen nicht durchgedrungen – sicherlich auch, weil die Regierung in ihrer Kommunikation mindestens in der Anfangsphase darauf gesetzt hat, den Umbau des Sozialstaats nicht als Kraftanstrengung einer demokratischen Politik der Solidarität zu erzählen, sondern ihn als modernen Anpassungsprozess an die Wertschöpfungsbedingungen globalisierter Märkte verkaufte und dabei die Dimension der Gerechtigkeit, des Zusammenhalts und der Sicherheit bewusst vernachlässigte.

Ein anderes Narrativ wäre naheliegender gewesen, schließlich ist die Sozialdemokratie in ihrer Tradition immer eine emanzipatorische Kraft gewesen, für die Fortschritt bedeutete, mit politischen Initiativen das Leben der Bürgerinnen und Bürger zu verbessern. Bei allem notwendigen Realismus und dem Bewusstsein für die gesellschaftlichen Gegebenheiten ist auch ein utopischer Überschuss seit jeher Motivation ihrer Politik. Dieser hat sich immer wieder aufs Neue in der Durchsetzung von individuellen Freiheiten, von Arbeitnehmerrechten, von sozialer Absicherung oder von Aufstieg durch Bildung manifestiert. Es ist offensichtlich, dass die politische Debatte in Deutschland auch heute eine politische Kraft braucht, die zuversichtlich auf ihre eigenen Handlungsmöglichkeiten blickt und ein Programm vertritt, das eine realistische Perspektive auf verbesserte Lebens- und Arbeitsbedingungen, auf mehr Teilhabe und Demokratie, auf mehr Gerechtigkeit und Prosperität in einer intakten Umwelt eröffnet. Dazu aber bedürfte es einer programmatischen Neubegründung der Emanzipations- und Fortschrittsperspektive sozialdemokratischer Politik. Die dafür notwendigen Bestandteile sind vorhanden, sie müssten aber in ein narratives Geflecht übersetzt und so zueinander in Beziehung gesetzt werden, dass das Bild von etwas politisch Größerem wieder entstehen kann.

Es wäre eine lohnenswerte Aufgabe, dafür den Fortschrittsbegriff zum Ausgangspunkt zu nehmen und ihn der Reduzierung auf einen ziellosen, von Eigennutz und Profitgier getriebenen Prozess mit hohen sozialen, wirtschaftlichen und ökologischen Kosten zu entreißen, um ihn stattdessen als Begriff einer sozial und demokratisch gestalteten Entwicklung zu konturieren, deren Antrieb auf gesellschaftlicher Verständigung über gemeinsame Ziele sowie auf politischer Aushandlung basiert. Sein Grundgedanke müsste sein, dass sich aus der Summe des individuellen Fortschritts an materiellen Gütern, Status und auch Glück nicht automatisch eine bessere, gerechtere, friedfertigere und nachhaltige Welt ergibt, sondern dass es effektiver demokratischer Aushandlungsformen und individueller wie solidarischer Voraussetzungen für die Teilhabe an der Demokratie bedarf, um Fortschritt im progressiv-emanzipatorischen Sinne zu erringen. Nur durch eine Politik, die sich selber in diesem Sinne auch etwas zutraut, kann die SPD wieder Akzeptanz für eine soziale und demokratische Politik gewinnen, die das Wachstum als Gestaltungsaufgabe annimmt und als Ressource einer guten Gesellschaft nutzbar macht, die somit Innovation und Gerechtigkeit nicht nur addiert, sondern programmatisch verschränkt.

Diese qualitative Aufladung des Wachstums in einer sozialdemokratischen Neudefinition des Fortschrittsbegriffs darf genau deshalb die postmaterialistische Kritik nicht ignorieren, für die »abstrakte«, »höhere« Werte wie Freiheit und Glück, aber auch Konkreteres wie Gesundheit, Kultur und Bildung oder auch Tier- oder der Umweltschutz große Bedeutung besitzen. Diese Aspekte sollten in ein modernisiertes Fortschrittsnarrativ mitaufgenommen und dadurch mit Wachstum und Technik versöhnt werden. Auf diese Weise verliert der Fortschrittsbegriff seine bis heute problematische ökonomische und technologische Verengung und öffnet sich wieder in Richtung einer solidarischen Gestaltung der Welt zum Besseren. Denn, so die Philosophin Susan Neiman: »Anders als links und rechts suggeriert ›fortschrittlich‹ eine Anschauung: Die Welt, wie sie ist, lässt sich durch eine vereinte Anstrengung von Männern und Frauen dem Sollzustand annähern.«[82] Selbst wenn es empirisch unter den aktuellen gesellschaftlichen Bedingungen keineswegs gesichert ist, bedarf es einer solchen kontrafaktischen Unterstellung oder regulativen Idee, die mit der Annahme eines idealen Zustandes unter nicht idealen Bedingungen operiert, um dadurch handlungs-, situations- und letztlich gesellschaftsprägend zu wirken.

Aus diesem Grund ist die weit verbreitete generelle Skepsis gegenüber der Möglichkeit des Fortschritts auch so problematisch. Sie lähmt die demokratische Handlungsfähigkeit. Natürlich ist nicht jede Veränderung zwangsläufig schon ein Fortschritt, aber selbstverständlich muss nicht jede zweifelhafte Veränderung deshalb abgelehnt werden. Die konservative Aussage, dass jeder Wandel begründungspflichtig sei, geht über das Ziel hinaus, weil sie der Komplexität von Wandlungsprozessen nicht gerecht wird. Viel erfolgversprechender ist es, zuversichtlich auf die menschliche Fähigkeit zu blicken, die Zukunft vernünftig gestalten zu können. Ein politisch wirksamer Fortschrittsbegriff kommt nicht ohne Sinnstiftung, ohne Zweck oder Ziel aus. Diese Ziele müssen kollektiv ausgehandelt werden, wenn ein Primat der Demokratie gegenüber dem anarchischen Fortschreiten und Funktionieren der Systeme erreicht werden soll. Orientieren muss sich ein sozialdemokratischer Beitrag zur öffentlichen Diskussion über das Ziel des Fortschritts daher am Ideal einer menschlicheren Gesellschaft: freier, materiell wie geistig; gerechter für die Vielen, materiell wie ideell; friedlicher bei der Lösung von Verteilungskonflikten; ökologisch stabil; dauerhaft überlebensfähig. Ohne konkreten Bezug auf solche Ziele bleiben linke Debattenbeiträge zum Fortschritt instrumentell und letztlich ziellos.

»Und die einzige Schlussfolgerung, die man daraus ziehen kann, lautet, dass es dringend geboten ist, eine neue Idee des Fortschritts zu entwickeln, die in ihren Inhalten und Zielen den Erfordernissen unserer Zeit angepasst ist, ohne entscheidende Abstriche an den fundamentalen Zielen der neuzeitlichen Fortschrittsidee zu machen«, schreibt auch der italienische Politikwissenschaftler Massimo Salvadori. »Es handelt sich um das Projekt einer guten Gesellschaft; um die ethische Bereitschaft, dieses Projekt zu realisieren; um die Weiterentwicklung von Wissenschaft und Technik nicht im Dienst von partikularen, sondern von kollektiven Interessen, vertreten von Regierungen, die fähig sind, das Ziel der kulturellen und materiellen Entwicklung einer größtmöglichen Zahl von Menschen im Rahmen internationaler Zusammenarbeit zu verfolgen.«[83]

Ein sozialdemokratischer Fortschrittsbegriff beginnt bei einer Beschreibung der Welt, wie sie ist – mit ihrer wachsenden Ungleichheit, der Aushöhlung von Demokratie, dem Raubbau an der Natur und der falschen Versprechen, dass sich individuelle Teilhabe misst an der Teilhabe am Konsum. Dem folgt die Verbindung eigener politischer Instrumente mit dem Ziel einer menschlicheren Gesellschaft. Schließlich ist eine Abgrenzung gegenüber den implizit oder explizit formulierten Fortschrittsentwürfen anderer Parteien notwendig. Fortschritt als sozialdemokratische Rahmenerzählung beginnt also bei einer Gesellschaftskritik, die auch eine Kritik des hegemonialen technologischen und individualistischen Fortschrittsbegriffs umfasst, der nur quantitatives Wachstum ohne Berechnung der kollektiven Kosten verspricht. In einem sozialdemokratischen Konzept des Fortschritts ist Politik eine zentrale Kategorie. Es beschreibt eine greifbare Vorstellung von den Voraussetzungen für ein Primat von Demokratie bei den großen gesellschaftlichen Richtungsentscheidungen. Erst dann beginnt der substanzielle Teil des Fortschritts. Dieser lässt sich am besten durch Dichotomien eingrenzen: Gleichheit statt Ungleichheit, gleiche Freiheit statt ungleich verteilter Zuwächse individueller Spielräume, qualitativer statt quantitativer Wandel, Gemeinwohl statt anarchischer Eigennutz, Überleben in Wohlstand statt individueller Reichtum, demokratische Aushandlung statt schöpferischer Zerstörung.

Ein konkretes Beispiel, worum es geht, lässt sich aktuell in der Auseinandersetzung mit den Möglichkeiten und Folgen der Digitalisierung finden. Im globalen Maßstab bestimmen aktuell zwei politökonomische Innovationspfade die Szenerie, die unterschiedlicher kaum sein können. Zum einen ist da das US-amerikanische Modell, das auf die kapitalgetriebenen und profitorientierten Sprunginnovationen des Silicon Valley setzt. Zum anderen entwickelt sich das staatsgetriebene, von Ideen autoritärer Gesellschaftsformierung nach wie vor beeinflusste chinesische Modell der Digitalisierung mit einer immer größeren Rasanz. Es wäre eine europäische Aufgabe, eine Aufgabe für sozialdemokratisches Gestaltungshandeln, hier einen dritten digitalen Innovationspfad zu konturieren und dann auch zu beschreiten. Was wir brauchen, liegt auf der Hand: eine auf das gesellschaftliche Gemeinwohl gerichtete Alternative, kulturell fundiert und geprägt von offenen, nicht proprietären Entwicklungsstandards, im Gegensatz zu den beiden anderen jeweils systemisch gelenkten Entwicklungsdynamiken. Das wäre ein europäischer, sozialdemokratischer Weg, der den Fortschritt anstrebt, ihn aber auf Grundlage klarer solidarischer und demokratischer Werte gestaltet und so für gesellschaftliche Akzeptanz sorgt. Dieser Pfad mag nicht die schnellsten Ergebnisse bringen, aber er liefert – wie auch schon zu Zeiten der Industrialisierung – letzten Endes die nachhaltigen und qualitativen Entwicklungsschritte, die echten Fortschritt und gesellschaftliche Akzeptanz (auch als ökonomische Ressource) kennzeichnen. Dafür die Rahmenbedingungen zu entwickeln und durchzusetzen ist eine

Aufgabe, in der das Narrativ eines sozialen und demokratischen Fortschritts schnell und pragmatisch konkret werden würde. Es wäre ein Beleg dafür, dass die Gestaltung einer guten Zukunft durch politisches Entscheiden und Handeln auf der Grundlage solidarisch demokratischer Übereinkünfte möglich ist.

RADIKALE KOMMUNIKATIVE OFFENHEIT

Begreift man eine große Volkspartei wie die SPD als einen sozialen Lebensraum, dann stellt man fest, dass er so heterogen und vielfältig ist, wie unsere Gesellschaft auch. Folglich wird auch hier verhandelt, »wie unterschiedliche Sprechweisen, man könnte sagen: die Repräsentation unterschiedlicher Intelligenzen, sich kommunikativ aufeinander beziehen können«.[84] Diese performative Behandlung der Differenz hat eine Volkspartei all jenen parteipolitischen Formationen voraus, die sich um einzelne Interessen oder Milieus herum bilden und sich folglich in der Regel komplexitätsreduzierend auf eine zu bearbeitende Logik oder Differenz konzentrieren. Die Komplexität einer Volkspartei kann vom Handicap zum Erfolgsfaktor werden, wenn es ihr gelingt, sich als ein Raum zur kreativen und vernünftigen Auseinandersetzung mit der Komplexität unserer Gesellschaft zu öffnen und diese Qualität als Ausweis ihrer Attraktivität zu nutzen.

Neben den bisherigen überwiegend grundsätzlichen und strategischen Überlegungen sind daher auch handwerkliche Übersetzungsleistungen von größerer Bedeutung, wenn der

Status der Volkspartei SPD erneuert werden soll. Diese betreffen in erster Linie die parteipolitische Kommunikation, die leider bis heute eindimensional und viel zu oft lediglich als strategisches Mittel zur Durchsetzung eigener Ziele begriffen wird. Solch ein instrumentelles Verständnis von Kommunikation kann kurzfristig in Kampagnen erfolgreich sein, führt aber mittel- bis langfristig beinahe zwangsläufig zur Erosion kommunikativer Beziehungen, wie wir sie aktuell erleben und wie sie von Rezo und anderen wort- und wirkmächtig aufgedeckt worden sind. Dahinter steht eine oft sehr einfache Reaktion, die man aus dem Alltag kennt: Wenn mein Kommunikationspartner mir immer mit einem klar definierten Ziel und einer taktischen Überredungsabsicht entgegentritt, dann verliere ich die Lust am Dialog. Dann wird das Gespräch im Wortsinne »sinnlos«, weil nicht mehr Verständigung qua Argumentation im Mittelpunkt steht, sondern nur noch Überreden oder gar Übertönen. In diese Spirale sind politische Auseinandersetzungen in den letzten Jahren immer wieder geraten, leider auch in den sozialen Medien, die eigentlich – anders als die Massenmedien – das Versprechen eines Dialogs auf Augenhöhe in sich bergen.

Wer heute eine Partei zum Erfolg führen will, darf daher gute und erfolgreiche politische Kommunikation nicht auf das taktische Bereitstellen technischer Hilfsmittel zur Verbreitung andernorts gefasster Beschlüsse verkürzen, sondern muss sie radikal weiter fassen – um diese drohende Dysfunktionalität der Medien zu kompensieren und die für eine Programmpartei notwendige Debatte zu ermöglichen. Schließlich manifestiert sich Politik noch vor dem politischen Handeln in Sprache, in der Formulierung gesellschaftlicher Werte und Ziele und in der Beschreibung der Wege, auf denen sie zu erreichen sind. Politik kann deshalb in der Demokratie niemals vor oder außerhalb der Sprache stattfinden. Deshalb ist es fatal, wenn politische Kommunikation sich in der reinen Vermittlung bereits getroffener Entscheidungen erschöpft. Dieses zweckrationale Verständnis wird den Möglichkeiten des lebendigen politischen Gesprächs nicht gerecht.[85] Die Formulierung politischer Positionen und Programme geschieht in politischer Kommunikation. Und aus der Kommunikation über Politik wiederum erwachsen Anstöße für die Politik, die zu Veränderungen führen können und müssen.

Kommunikation gelingt dann, wenn sie einen sozialen Austausch über bestimmte Sachverhalte ermöglicht. Das setzt – bei allen individuellen Interessen und Absichten – Verständigungsfähigkeit und -bereitschaft voraus. Kommunikation kommt zustande, wenn sich Partner wechselseitig unterstellen, dass sie sich auch überzeugen können. Das ist die Voraussetzung für Identifikation und Vertrauen. Kommunikative Offenheit und der bewusste Verzicht auf einseitige Kommunikationskontrolle sind somit unabdingbar, um eine offene, gemeinwohlorientierte und vernünftige Volkspartei wie die SPD zum neuerlichen Vertrauenspartner der Bürgerinnen und Bürger zu machen.

Das aber bedeutet eine ziemlich weitreichende Veränderung in der Art und Weise, wie politische Parteien mit ihren Wählerinnen und Wählern sprechen. In weiten Teilen hat es einen Bruch mit den kommunikationsstrategischen Professionalisierungserwägungen seit mindestens Mitte der neunziger Jahre zur Folge. Aber dieser riskante Bruch ist notwendig, wenn die SPD die jetzt anstehende Framing- und Narrativ-Arbeit in der gebotenen Offenheit in der Mitte der Gesellschaft leisten will. Sie muss weg von der Kommunikationssteuerung und hin zum Gesprächsangebot, weg vom glatt geschliffenen Anschein und hin zur zivilgesellschaftlichen Anschlussfähigkeit, weg vom Überreden und hin zum Überzeugen, weg von der passiven Information und hin zu Mobilisierung und Aktion.

Dabei geht es nicht um technische Fragen, sondern um eine politische Haltung. Es geht um einen klar definierten politischen Kern und überzeugende politische Angebote. Diese sind Ergebnis der – intern wie extern – engagiert geführten Debatte über aktuelle Probleme und Möglichkeiten. Politikformulierung ist kein Prozess für das Parteihinterzimmer, sondern gehört auf die gesellschaftlich-öffentliche Bühne. Überall dort, wo das nicht möglich ist, weil eine faire Verhandlung zwischen den Interessen sonst nicht möglich wäre, sollten immerhin die wesentlichen Argumente für oder gegen eine Position das Gespräch prägen.

Übrigens: Nur wenn der Grundmodus des Politischen sich im Öffentlichen realisiert, wird auch das Verständnis für die Notwendigkeit wieder wachsen, einzelne Fragen zunächst vertraulich zu klären und Positionen im kleinen Kreis zu entwickeln, um sie dann breit zur Diskussion zu stellen. Gerade angesichts des medialen Darstellungsdrucks und der zunehmenden Präsenz sozialer Medien sind geschützte Räume notwendig, um offene Debatten vorzubereiten und mit vernünftigen Beiträgen zu bereichern. Der Arkanbereich, das sogenannte Hinterzimmer, ist daher nicht per se ein Problem, sondern wird nur dann kritisch, wenn es bereits der Findung abschließender Ergebnisse dient und nicht nur der vorbereitenden Erörterung zu diskutierender Positionen.

Wenn politische Kommunikation offen, wechselseitig und weitgehend hierarchiefrei ist, kann sie einen dauerhaften Unterschied jenseits kurzfristiger Kampagnenerfolge machen. Wer durch Kommunikation überzeugt und nicht mehr bloß überredet und überrumpelt, gewinnt Unterstützerinnen und Unterstützer, die sich auch auf ein belastbareres und längerfristiges Engagement einlassen. Wer darauf setzt, Dialog nicht bloß zu inszenieren, sondern mit allen Steuerungsverlusten tatsächlich zuzulassen, der vermeidet künftig die Enttäuschungen, die in der Vergangenheit immer wieder zu Abwanderungsbewegungen geführt haben. Dialogische Augenhöhe ist anstrengend, aber nachhaltig lohnenswert.

Gelingende politische Kommunikation muss sich also einerseits eher an mittelfristigen Zielen orientieren. Zugleich aber muss sie – und das ist kein Widerspruch dazu – im operativen Geschäft schneller, direkter, offener und persönlicher werden, erst recht unter den Bedingungen digitaler sozialer Medien, die einzelne politische Akteure in einen unmittelbaren Diskussionszusammenhang mit Bürgerinnen und Bürgern bringen. Daraus ergibt sich eine Reihe sehr unterschiedlicher Anforderungen an die Kommunikation einer Volkspartei wie der SPD, deren Bewältigung dazu führen wird, wieder auf mehr Resonanz zu stoßen. Sie schließen an eine Vorstellung von Volksparteien an, die in einer offenen und integrativen Parteistruktur die Grundlage gemeinwohlorientierter politischer Meinungsbildung sieht:

Kritik: Politische Kommunikation darf sich nicht davor drücken, Probleme zu benennen und Fehler anzusprechen. Sie muss sich mit anderen Positionen kritisch auseinandersetzen. Niemand hat von vornherein die richtige Antwort auf gesellschaftliche Fragen. In einer Zeit, in der das wechselseitige Übertönen immer virulenter wird, gewinnt das Zuhören an neuerlicher Bedeutung. Es ist eine Voraussetzung, um im Gespräch nach neuen Antworten zu suchen. Erst in der kritischen Debatte schält sich das Vernünftige und damit auch das Mehrheitsfähige heraus. Eine Partei muss von ihren Vorschlägen überzeugt sein. Das ist die Voraussetzung dafür, in der Debatte mit diesen Vorschlägen überzeugen zu können und überzeugbar zu bleiben, wenn bessere Argumente auftauchen.

Klarheit: Debatte wird möglich, wenn verschiedene Interessen und Positionen klar ausgesprochen und begründet werden. Deshalb geht es nicht um strategische Begriffe, die verschleiern oder in die Irre führen, sondern um eine klare Sprache, die soziale und demokratische Inhalte auch als solche erkennbar macht. Natürlich liegen in der Verwendung falscher oder irreführender Metaphern erhebliche Gefahren, aber das darf nicht zu einer aseptischen und strategischen Entkernung der Vielfalt von Sprache führen. Die Herausforderung besteht darin, eigene, lebendige und nachvollziehbare Bilderwelten und Erzählungen in der Kommunikation zu entwickeln, die Sinn und Bedeutung klären, statt zu verstellen.

Konsistenz: Glaubwürdigkeits- und Vertrauensverluste sind zentrale Gründe für die zurückliegenden Wahlniederlagen. Deshalb müssen Parteien nachhaltig daran arbeiten, Sprechen und Handeln erkennbarer in Einklang zu bringen. Wahrhaftigkeit kann man nicht einfordern oder behaupten, sie wird auf Basis erlebter Erfahrungen zugewiesen. Das ist eine gleichermaßen inhaltliche wie kommunikative Aufgabe. Nur wenn eine Partei wieder als wahrhaftig wahrgenommen wird, kann sie auch Vertrauen zurückgewinnen.

Kontinuität: Eng verknüpft mit der Aufgabe, konsistent zu kommunizieren, ist die Aufgabe, zentrale Themenstränge kontinuierlich zu verfolgen. Es ist notwendig, klare, wertebezogene Grundbotschaften zu entwickeln und in der öffentlichen Kommunikation auch so oft zu wiederholen und weit durchzutragen, dass sie erkennbar und mit der Partei verknüpft werden. Deshalb darf Kommunikation nicht punktuell gedacht werden, sondern bedarf der Ausdauer und Geduld.

Kohärenz: Aus der Addition von klug angesprochenen Einzelthemen ergibt sich noch keine Strategie. Mindestens ebenso entscheidend ist, dass die einzelnen Themen einer kohärenten Gesamtanlage verpflichtet sind. Wer erfolgreich kommunizieren will, muss eine auf die grundlegenden Werte-Frames bezogene und in sich stimmige Geschichte erzählen, in der die einzelnen Aspekte zueinander sinnvoll passen.

Kooperation: Erfolgreiche politische Kommunikation erfolgt nicht organisatorisch isoliert, sondern bedarf eines öffentlichen und kommunikativen Schulterschlusses mit Partnern, die die grundlegenden politischen Werte und Ziele teilen. Neben den Gewerkschaften und Sozialverbänden gehören dazu auch neue soziale Akteure. Erfolgreich ist, wer Bündnisse schmieden kann, um gemeinsam die Mobilisierung für demokratische Prozesse zu erreichen.

Kampagne: Kommunikation kann nicht nur überzeugen, sondern auch bewegen. Deswegen braucht es aktions- und kampagnenorientierte Kommunikationsformen, um Bündnispartner zu gewinnen und Mehrheiten zu sichern. Der Dialog ist der Einstieg zum Mitmachen und Mittun. Kampagnenfähigkeit bemisst sich aber nicht quantitativ, sondern qualitativ am Grad der Überzeugung der Mitglieder und Unterstützer. Wer an eine Sache glaubt, der geht auch raus, redet darüber und überzeugt andere.

Um in diesen Dimensionen erfolgreich zu wirken, bedarf es einer Vielzahl konkreter Veränderungen, denen sich die

SPD in der Zukunft stellen muss: Dazu gehört die Kultivierung einer neuen kommunikativen Offenheit, die sensibel ist für lebensweltliche Anschlussfähigkeit und Akzeptanz. Und dazu gehört ein bewusster Kontroll- und Steuerungsverzicht zugunsten einer stärker diskursiven Herangehensweise, die auf Argumentieren und Überzeugen setzt, sich daher auch selbst im Lichte besserer Argumente überzeugen lässt, und dazu auch die neuen Möglichkeiten der direkten Kommunikation über soziale und digitale Medien nutzt. Das mag naiv klingen, ist aber das explizite Eingeständnis, dass nur jene Maßnahmen letzten Endes gesellschaftlich wirksam und sinnvoll sein können, auf die sich alle Teilnehmerinnen und Teilnehmer öffentlicher Diskussionen einigen können.

Es ist die Kernaufgabe einer Partei, in diesen Diskursen prägend und überzeugend zu wirken. Leitend dabei können die Überlegungen zu Framing und Narration sein, die auf Zusammenhalt, Demokratie und Fortschritt setzen und so den Grundstein für eine eigenständige sozialdemokratische Programmatik und Semantik legen, die sich nicht in der ritualisierten Beschwörung sozialer Gerechtigkeit erschöpfen, sondern behutsam traditionelle Deutungsmuster aufnehmen, aktualisieren, mit Modernisierungsthemen verknüpfen und ins Morgen übersetzen.

Entscheidend wird sein, dass es der Partei gelingt, jenseits ihrer administrativen Kompetenz auch als lebensweltlicher Kommunikations- und Begegnungsraum eine neue Attraktivität und Relevanz zu reklamieren – als ein Raum, in dem Vielfalt erlebbar und Komplexität spannend wird, weil ihre Energien genutzt werden, um progressive Politikvorschläge auf der Grundlage von Demokratie und Solidarität mit dem Ziel eines gesellschaftlichen Fortschritts zu entwickeln.

Denn natürlich braucht eine Volkspartei wie die SPD eine klare programmatische Erkennbarkeit. Sie wird sie dann entfalten können, wenn sie durch Teilhabe möglichst viele von ihren politischen Vorschlägen überzeugt.

VERNUNFT UND LEIDENSCHAFT

Diese Veränderungen in der politischen Programmatik und Kommunikationskultur sind nicht in einem Sprint zu bewältigen. Dazu braucht es die Ausdauer für einen anstrengenden Mittelstreckenlauf – vermutlich inklusive zahlreicher Hindernisse, die sich aus der gängigen Aufmerksamkeitsökonomie unserer modernen Mediendemokratie ergeben. Dennoch ist dieser Weg der erfolgversprechende, wenn sich die SPD nachhaltig als die Partei etablieren will, deren Nervenenden in die Gesellschaft intakt sind, die mit einem feinen Sensorium die Fragen unserer Zeit aufnimmt und Räume dafür öffnet, Lösungsvorschläge im offenen Diskurs mit allen an ihrer Wertebasis Interessierten zu erarbeiten.

Das Ziel ist nicht die Verschmelzung der Partei mit ihren zivilgesellschaftlichen Partnern. Dazu sind die Rollen zu klar geschieden. Solche romantisierenden Parteivorstellungen würden gravierend in die Irre führen. Es gilt daher dringend, jene Differenz zwischen den romantischen Gemeinschaften der Zivilgesellschaft und der sozialen Bewegungen auf der einen und den aufgeklärten Organisationen integrierender großer Parteien auf der anderen Seite zu beachten, die Peter Glotz bereits vor vier Jahrzehnten beschrieben hat: »Eine neue europäische Romantik wäre ohne Überlebenschancen. Gegen den scheinbar neuen, in Wirklichkeit aber schon in der Jugendbewegung hervortretenden Gemeinschaftsradikalismus sollten wir uns als Erben der europäischen Geschichte das Ethos der Gesellschaft bewahren, also das Verständnis für die Notwendigkeit von Technik, Politik und Diplomatie und eine Gefühlskultur, die die Hygiene des Takts und die Kunst des Nichtzunahetretens und Nichtzuoffenseins gelten läßt.«[86]

Es macht die Stärke einer politischen Volkspartei aus, dass sie unterschiedliche Herangehensweisen an ein und dasselbe Problem nicht nur zulässt, sondern fördert, weil sie genau dadurch zu dem Resonanzraum wird, in dem die unübersehbare Komplexität unserer Gesellschaft im demokratischen und solidarischen Miteinander bearbeitbar wird. Die SPD kann anstreben, wieder eine Partei in Bewegung zu sein, aber ganz sicher wird sich die Partei nicht in Bewegung auflösen. Entscheidend ist vielmehr, dass sie ihre beiden inneren Pole – den rigiden Vernunft- und Verantwortungsbegriff ihrer Amts- und Mandatsträger und die bisweilen melancholische Emotion ihrer Funktionärs- und Mitgliederschicht – so zueinander in Beziehung setzt, dass sich Vernunft und Leidenschaft nicht nur nicht widersprechen, sondern sich gegenseitig befeuern.

Gerade in Zeiten, in denen so viel von Disruptionen, Zerstörungen und Weltuntergängen die Rede ist, braucht es eine leidenschaftlich vernünftige politische Kraft, die es sich zur Aufgabe macht, nicht bloß einzelne Interessen durchzusetzen, sondern die Werte der Französischen Revolution – Freiheit, Gleichheit und Brüderlichkeit – unter den Bedingungen des 21. Jahrhunderts als Freiheit, Gerechtigkeit und Solidarität zur Geltung zu bringen. Diese Kraft kann nach

Lage der Dinge nach wie vor nur die Sozialdemokratie sein. Sie müsste dazu ihren programmatischen Fokus weiten und neben der sozialen Gerechtigkeit auch wieder stärker die individuelle Freiheit und vor allem die solidarische Gesellschaftlichkeit mit in den Blick nehmen. Und sie müsste sich jenen virulenten Fragen nach den Bedingungen des Zusammenhalts in fragmentierten und diversen Gesellschaften mit Verve stellen, genauso wie jenen nach der Fähigkeit, im gemeinsamen politischen Diskurs zu Handlungsprogrammen zu gelangen.

Die SPD ist aktuell in einer Lage, in der sie diese Herausforderungen für sich selbst ohnehin bewältigen muss, wenn sie noch eine Zukunft als prägende politische Kraft im Lande reklamieren will. Da wäre es nur sinnvoll, diesen neuerlichen gesellschaftlichen Aufklärungs- und Integrationsprozess gleich stellvertretend für unsere ganze Gesellschaft anzunehmen. Aus seiner Bewältigung heraus lassen sich die Fähigkeit und der Anspruch zur politischen Gestaltung unseres Landes in einer freien, offenen und vielfältigen Gesellschaft, in einer solidarischen Demokratie und auf der Grundlage aufgeklärter, leidenschaftlicher Vernunft ableiten. Denkbar ist das. Möglich deshalb auch.

DER DANK

Dieser Essay ist in wenigen Wochen nach der Europawahl 2019 entstanden. Die Idee kam auf, noch bevor wieder einmal Rücktritte und Neuanfänge die SPD durchschüttelten. Insofern gilt mein erster Dank der Programm-Verlagsleiterin von Hoffmann und Campe, Birgit Schmitz, für die lakonische Frage in einer Mail zu einem anderen Publikationsprojekt, ob es mir nicht »in den Fingern jucken würde«, einige Gedanken zur aktuellen Lage zu Papier zu bringen. Das tat es sehr wohl.

Ein schnell geschriebener Essay verdichtet meist Gedanken, die in den Monaten und Jahren zuvor in vielen Gesprächen erwogen, verworfen oder verfeinert worden sind. Es sprengt den Rahmen, hier alle zu nennen, die in diese intensiven und inspirierenden Diskussionen verwickelt waren – seien es Freundinnen und Freunde, Mitarbeiterinnen und Mitarbeiter oder andere Politikerinnen und Politiker. Mein Dank gilt ihnen trotzdem. Ich bin mir sicher: Sie wissen, dass sie gemeint sind.

Konkret danken möchte ich Wolfgang Schmidt, Hannes Schwarz und Enno Isermann für ihre unglaublich kurzfristige Lektüre des Textes und sehr hilfreiche kritische oder auch ermunternde Anmerkungen. Ebenso hatte mein Lektor Erik Riemenschneider mit klärenden und präzisierenden Hinweisen erheblichen Anteil an der Prägnanz und Verständlichkeit des Textes.

Die prägendste Wirkung auf meine Gedanken und ihre Formulierung im vorliegenden Essay hat aber sicherlich wieder einmal meine Frau Ulrike Ehling entfaltet. Vor 18 Jahren haben wir ein gemeinsames Gespräch begonnen, das immer auch kulturelle, politische und gesellschaftliche Fragen umfasst und das hoffentlich noch viele weitere Jahrzehnte andauern und uns klüger machen wird. Ihr sei dieses Buch gewidmet.

Hamburg, im Juli 2019
Carsten Brosda

LITERATURHINWEISE

VORWORT

1 Zitiert nach ZDF *Markus Lanz*, 6. Juni 2019.
2 Wortlaut zitiert nach: https://www.tagesschau.de/inland/youtube-akk-101.html
3 Jacob Grimm und Wilhelm Grimm: *Deutsches Wörterbuch. Band 31*, München 1984, Sp. 779.
4 Peter Glotz: *Die Beweglichkeit des Tankers. Die Sozialdemokratie zwischen Staat und neuen sozialen Bewegungen*, München 1982, S. 67.

DIE ZERSTÖRUNG DES ÖFFENTLICHEN GESPRÄCHS

5 Vgl. Jürgen Habermas: *Strukturwandel der Öffentlichkeit. Untersuchungen zu einer Kategorie der bürgerlichen Gesellschaft*, Neuwied 1962.
6 Vgl. Jürgen Habermas: *Faktizität und Geltung. Beiträge zur Diskurstheorie des Rechts und des demokratischen Rechtsstaats*, Frankfurt am Main 1992, S. 415 ff.
7 Steven Levitsky und David Ziblatt: *Wie Demokratien sterben: Und was wir dagegen tun können*, München 2018, S. 115 ff.
8 Sascha Hölig und Uwe Hasebrink: *Reuters Institute Digital News Report 2019 – Ergebnisse für Deutschland.* Unter Mitarbeit von Julia Behre (Arbeitspapiere des HBI Nr. 47), Hamburg 2019, S. 48.
9 Charlene Li und Charles Bernoff: *Groundswell. Winning in a World Transformed by Social Technologies*, Expanded and Revised Edition. Brighton, USA 2011.
10 Vgl. Jürgen Habermas: *Theorie des kommunikativen Handelns.* Zwei Bände, Frankfurt am Main 1981.
11 Vgl. Carsten Brosda: *Diskursiver Journalismus. Journalistisches Handeln zwischen kommunikativer Vernunft und mediensystemischem Zwang*, Wiesbaden 2007.

DIE ZERSTÖRUNG DER MITTE

12 Andreas Zick u. a.: *Verlorene Mitte – feindselige Zustände. Rechtsextreme Einstellungen in Deutschland 2018/2019*, Bonn 2019, S. 286.

13 Siehe: https://www.nytimes.com/1992/04/26/us/the-1992-campaign-clinton-s-standardcampaign-speech-a-call-for-responsibility.html

14 Nico Lumma: »Die SPD braucht neue Köpfe. Jetzt!«, in: *Hamburger Morgenpost* vom 31. 5. 2019, S. 2f.

15 Andreas Reckwitz: *Die Gesellschaft der Singularitäten. Zum Strukturwandel der Moderne*, Berlin 2017, S. 429.

16 Vgl. ebd., S. 436.

17 Matthias Jung u. a.: »Regierungswechsel ohne Wechselstimmung«, in: *Aus Politik und Zeitgeschichte*, Heft 51/2009, S. 19.

18 Zitiert nach Markus Feldenkirchen: *Die Schulz Story. Ein Jahr zwischen Höhenflug und Absturz*, München 2018, S. 113.

19 Siehe: https://www.zeit.de/politik/deutschland/2017-11/christian-lindner-sondierung-jamaika-abbruch-fdp

DIE ZERSTÖRUNG DER OFFENEN GESELLSCHAFT

20 Armin Nassehi: *Die letzte Stunde der Wahrheit. Kritik der komplexitätsvergessenen Vernunft*, Hamburg 2018, S. 22.

21 Vgl. Philipp Manow: *Die Politische Ökonomie des Populismus*, Berlin 2018.

22 Ebd., S. 99.

23 Benjamin R. Barber: *Coca Cola und Heiliger Krieg. Wie Kapitalismus und Fundamentalismus Demokratie und Freiheit abschaffen*, München 1996.

24 Cornelia Koppetsch: *Die Gesellschaft des Zorns. Rechtspopulismus im globalen Zeitalter*, Bielefeld 2019, S. 257 f.

25 Ebd., S. 258.

26 Vgl. David Goodhart: *The Road to Somewhere. The New Tribes Shaping British Politics*, London 2017.

27 Vgl. Didier Eribon: *Rückkehr nach Reims*, Berlin 2016.

28 Vgl. J. D. Vance: *Hillbilly-Elegie. Die Geschichte meiner Familie und einer Gesellschaft in der Krise*, Berlin 2016.

29 Vgl. Reckwitz 2017, S. 437.

30 Vgl. Francis Fukuyama: *Identität. Wie der Verlust der Würde unsere Demokratie gefährdet*, Hamburg 2019.

31 Peter Gross: *Die Multioptionsgesellschaft*, Frankfurt am Main 1984.

DIE ZERSTÖRUNG DES PLANETEN

32 Vgl. Habermas 1981.

33 Nassehi 2018, S. 65.

34 Ebd., S. 200.

35 Vgl. Frank Nullmeier: »›Bloße Meinung‹. Über Demokratie, Öffentlichkeit und die Abwertung der Meinung als Gegenteil von Wahrheit«, in: https://soziopolis.de/beobachten/politik/artikel/blosse-meinung vom 28.5.2019.

36 Siehe: https://fridaysforfuture.de/

37 Joachim Raschke (Hrsg.): *Die Grünen. Wie sie wurden, was sie sind*, Köln 1993, S. 33.

38 Joachim Raschke: *Die Zukunft der Grünen: »So kann man nicht regieren«*, Frankfurt am Main 2001, S. 11.

39 Frank Biess: *Republik der Angst. Eine andere Geschichte der Bundesrepublik*. Reinbek bei Hamburg 2019, S. 364.

40 Raschke 2001, S. 418.

41 Siehe: https://www.robert-habeck.de/texte/blog/allmaehlichkeit-und-sprung/

42 Vgl. Nullmeier 2019.

43 Ulrich Schulte: »Radikal unbestimmt. Über das Erfolgsrezept der Grünen«, in: *die tageszeitung* vom 19.6.2019, S. 12.

44 Ebd., S. 12.

DIE ZERSTÖRUNG DER ZUVERSICHT

45 Vgl. Thomas Meyer: *Die Inszenierung des Scheins. Voraussetzungen und Folgen symbolischer Politik*. Essay-Montage. Frankfurt am Main 1992.

46 Vgl. Werner Früh: *Medienwirkungen: Das dynamisch-transaktionale Modell. Theorie und empirische Forschung*, Opladen 1991.

47 Vgl. George Lakoff: *The Political Mind: Why You Can't Understand 21st-Century American Politics with an 18th-Century Brain*, New York 2008, und Drew Westen: *Das politische Gehirn*, Berlin 2007.

48 Manow 2018, S. 29.

49 Biess 2019, S. 31.

50 Ebd., S. 369.

51 Ebd.

52 Ulrich Beck: *Risikogesellschaft. Auf dem Weg in eine andere Moderne*, Frankfurt am Main 1986.

53 Jürgen Habermas: *Die neue Unübersichtlichkeit. Kleine politische Schriften V.* Frankfurt am Main 1985.
54 Biess 2019, S. 453 f.

DIE ZERSTÖRUNG DER VOLKSPARTEIEN

55 Glotz 1982, S. 55.
56 Peter Lösche: *Kleine Geschichte der deutschen Parteien,* Stuttgart u. a. 1993, S. 184 ff.
57 Siehe: https://www.robert-habeck.de/texte/blog/sich-oeffnen-ist-die-staerke/
58 Siehe: https://www.ln-online.de/Nachrichten/Politik/Politik-im-Rest-der-Welt/Interview-mit-Gruenen-Chef-Robert-Habeck-Die-Revolution-findet-in-den-Koepfen-und-Herzen-der-Menschen-statt
59 Glotz 1982, S. 37 f.
60 Biess 2019, S. 464.

DER WIEDERAUFBAU

61 Reckwitz 2017, S. 431.
62 Vgl. Paul Collier: *Sozialer Kapitalismus. Mein Manifest gegen den Zerfall unserer Gesellschaft,* München 2019.
63 Reckwitz 2017, S. 441.
64 Heinz Bude: *Solidarität. Die Zukunft einer großen Idee,* München 2019, S. 21.
65 Ebd., S, 71.
66 Vgl. zu den sozialen und kulturellen Implikationen des Abschieds von der klassischen Industriemoderne auch Lutz Raphael: *Jenseits von Kohle und Stahl. Eine Gesellschaftsgeschichte Westeuropas nach dem Boom,* Berlin 2019.
67 Bude 2019, S. 52.
68 Ebd., S. 139.
69 Collier 2019, S. 96.
70 Vgl. Fukuyama 2019.
71 Helmut Schmidt: »Vorwort«, in: Georg Lührs u. a. (Hrsg.): *Kritischer Rationalismus und Sozialdemokratie,* Berlin 1975, S. X.
72 Collier 2019, S. 22.
73 Ebd., S. 69.
74 Olaf Scholz: *Hoffnungsland. Eine neue deutsche Wirklichkeit,* Hamburg 2017.

75 Vgl. Collier 2019, S. 74 ff.
76 Ebd., S. 291.
77 Vgl. Biess 2019, S. 256 ff.
78 Vgl. Habermas 1992.
79 Zick u. a. 2019, S. 300.
80 Bude 2019, S. 163.
81 Nassehi 2018, S. 208.
82 Susan Neiman: *Moralische Klarheit. Leitfaden für erwachsene Idealisten.* Philosophie und Politik XI, Berlin 2011, S. 36.
83 Massimo L. Salvadori: *Fortschritt – die Zukunft einer Idee*, Berlin 2006, S. 119 f.
84 Nassehi 2017, S. 207 f.
85 Vgl. auch Robert Habeck: *Wer wir sein könnten. Warum unsere Demokratie eine offene und vielfältige Sprache braucht*, Köln 2018.
86 Glotz 1982, S. 73.

Dr. Carsten Brosda, Jahrgang 1974, ist Senator für Kultur und Medien der Freien und Hansestadt Hamburg sowie Vorsitzender des Kulturforums der Sozialdemokratie und Co-Vorsitzender der Medien- und Netzpolitischen Kommission des SPD-Parteivorstandes. Nach einem Studium der Journalistik und Politikwissenschaft wurde er mit einer Arbeit über »Diskursiven Journalismus« promoviert. Er war u. a. Leiter der Abteilung Kommunikation des SPD-Parteivorstandes und arbeitet seit 2011 in Hamburg, zunächst als Leiter des Amtes Medien, ab 2016 als Staatsrat für Kultur, Medien und Digitalisierung und seit Februar 2017 als Senator.